Alexander Schneider
Latenzzeit: Bilder in der Corona-Pandemie

Alexander Schneider

Latenzzeit:
Bilder in der Corona-Pandemie

Mit einer einleitenden Vorbemerkung von Silvio Vietta

Γ Frank & Timme

Verlag für wissenschaftliche Literatur

Umschlagabbildung: Regenbogenfensterbild in der Bonner Altstadt
(35mm-Fotografie des Autors)

ISBN 978-3-7329-0796-0
ISBN E-Book 978-3-7329-9169-3

© Frank & Timme GmbH Verlag für wissenschaftliche Literatur
Berlin 2021. Alle Rechte vorbehalten.

Das Werk einschließlich aller Teile ist urheberrechtlich geschützt. Jede Verwertung außerhalb der engen Grenzen des Urheberrechtsgesetzes ist ohne Zustimmung des Verlags unzulässig und strafbar. Das gilt insbesondere für Vervielfältigungen, Übersetzungen, Mikroverfilmungen und die Einspeicherung und Verarbeitung in elektronischen Systemen.

Herstellung durch Frank & Timme GmbH,
Wittelsbacherstraße 27a, 10707 Berlin.
Printed in Germany.
Gedruckt auf säurefreiem, alterungsbeständigem Papier.

www.frank-timme.de

Inhaltsverzeichnis

Vorwort 7

I Einführung 9

    1   Latenz aus medizinischer Sicht 11
    2   Latenz und Bildbedürfnis 13
    3   Betrachtungsfelder 15
        3.1   Bildjournalismus 16
        3.2   Kinder- und Jugendzeichnung 19
        3.3   Zusammenfassung 20

II Fenster in der Corona-Pandemie.
   Notate zur *Visuellen Kommunikation* 23

    0   Einleitung *(von Silvio Vietta)* 25
    1   Vorgehensweise 29
    2   Fenster im Kontext 31
        2.1   Schwelle zwischen innen und außen 31
        2.2   Bildtheoretische und
                motivgeschichtliche Implikationen 32
        2.3   Blick- und Betrachterlenkung 36
    3   Titelbilder als Fenster in und auf die Corona-Pandemie 41
        3.1   Kontemplativ-romantische Fensterblicke 42
        3.2   Klaustrophobischer Fensterblick 45
        3.3   Interagierende Fensterblicke 50
                3.3.1   Das apparative Fenster 53
        3.4   Oppositionelle (Fenster-)Blicke 55
        3.5   Zwischenfazit 58

    3.6   Sonderfall: Der ungewisse Fensterausblick 60
    3.7   Zusammenschau:
           Fensterdeutungen und -bedeutungen 62
4   Fazit: Die Pandemie zwischen Mobilitätsgebaren und Utopie 63

III Bildwelten und Bildsprache von Kindern und Jugendlichen in Zeiten der Corona-Pandemie 69

1   Vorbemerkungen und Vorgehensweise 69
2   Regenbögen als Fensterbilder 71
    2.1   Regenbögen im Kontext 72
    2.2   Das Regenbogenfensterbild als Brücke zwischen
           den Menschen 82
3   Kunstunterricht zwischen Präsenz und Absenz 88
    3.1   Bildkonvolut 1: Kampf dem Corona-Geist.
           Sechstklässler zeichnen einen Comic 91
           3.1.1   Unterrichtssetting: Vom Bildimpuls zum Comic .. 91
           3.1.2   Arbeitsergebnisse: Leerstellen als narrative
                    Knotenpunkte und das Wetter
                    als Projektionsfläche 93
    3.2   Bildkonvolut 2: Neuntklässler gestalten Selbstporträts
           mit fiktiver Schutzmaske 103
           3.2.1   Maskierungen im Kontext von Kunst-Memes ... 103
           3.2.2   Unterrichtssetting:
                    Gestalterische Vergegenwärtigung
                    verdeckter Gesichtspartien 106
           3.2.3   Arbeitsergebnisse: Zähne zeigen! 110
4   Fazit: Bildnerisches Tun als Bewältigungsstrategie 118

Literatur 120
Abbildungsverzeichnis 125

Vorwort

Diese Schrift ist inmitten der Corona-Pandemie entstanden. Dementsprechend entspringen die vorliegenden Schilderungen, Beobachtungen und Einschätzungen dem situativen Kontext dieses historischen Ereignisses. Retrospektiv ließen sich sicherlich Ergänzungen und/oder Akzentverschiebungen vornehmen. Weil aber nicht die Evidenz, sondern die Latenz der vom Corona-Virus herbeigeführten Krisensituation im Mittelpunkt der Betrachtungen steht, erschien es mir sinnvoll, bereits aus einem Modus der Vorläufigkeit heraus das Gespräch über Bilder in der Corona-Pandemie aufzunehmen. Die vorliegenden Darstellungen gewähren einen Einblick in die Dynamik, Virulenz und Latenz der Pandemie und unser Leben damit. Darüber hinaus werden erste Auswirkungen der Pandemie konturiert und zur Diskussion gestellt.

Die Entstehung dieser Publikation wurde von einer Reihe von Dialogen begleitet. Einige wichtige Dialogpartner möchte ich an dieser Stelle nennen. So danke ich den Kindern bzw. Jugendlichen, die diese Schrift mit ihren Bildern bereichert haben. Außerdem möchte ich Hubert Sowa und Madeline Ferretti erwähnen, weil sie mich in der Anfangsphase des Schreibprozesses mit wichtigen Hinweisen und Gedanken zum Weitermachen motiviert haben. Weiter gilt mein Dank Silvio Vietta, der den zweiten Textteil zum Fenstermotiv mit einer Einleitung bedacht hat. Nicht zu vergessen sind Jochen Krautz und Katharina de Roos, die mich mit ihren wertvollen Hinweisen bei der Fertigstellung des Manuskripts unterstützt haben.

Alexander Schneider, Bonn im Juli 2021

I Einführung

Das Corona-Virus hält uns Menschen seit Monaten in Atem. Manchen bereitete es anfänglich eine willkommene Auszeit, bei anderen wiederum hat es von Beginn an wirtschaftliche sowie existenzielle Nöte erzeugt und bei wieder anderen hat es die Hoffnung auf eine grünere Zukunft geweckt. Das Virus, das mittlerweile eine Pandemie herbeigeführt hat, erzeugte und erzeugt höchst ambivalente, häufig schnell wechselnde Gefühlslagen. Denn die bisherigen Erfahrungen und Sicherheiten gelten nicht mehr. Das vom Virus ausgehende Gefahrenpotential veranlasste die Bundesregierung seit dem März 2020 dazu, das öffentlichen Leben stark einzuschränken. In der sogenannten ‚ersten Corona-Welle' Mitte März waren staatliche Institutionen, etwa Behörden oder Schulen, sowie zahlreiche Geschäfte und gastronomische Betriebe von heute auf morgen nicht mehr erreichbar. Nach einer kurzen Lockerung der Restriktionen wurden dieses im Zuge der ‚zweiten' und ‚dritten Welle' wiederholt – mit dem Unterschied, dass staatliche Institutionen, wie Schulen, zunächst noch nicht oder nicht mehr flächendeckend geschlossen wurden. Die wiederholte Minimierung des sozialen Lebens wurde – mit zeitlichen Versetzungen – weltweit praktiziert. Indem alle zu Hause bleiben und ihre sozialen Kontakte auf ein Minimum verringern, kann die Verbreitung des Virus verlangsamt werden, so das politische Credo. Ziel ist und war es, die steile Kurve der Infektionszahlen abzuflachen.

Ein wesentlicher, nicht zu unterschätzender Faktor innerhalb dieser Pandemie-Wellen bildet die Tatsache, dass das Virus unsichtbar ist. Im Unterschied zu einer sichtbaren Gefahr, die wahrgenommen, bekämpft oder gemieden werden kann, sodass sich ein Zustand der Beruhigung und Entspannung einstellt, spannt diese Unsichtbarkeit die Menschen an. Denn im schlimmsten Fall kann ein Kontakt mit dem hochgefährlichen, nicht-sichtbaren Virus tödlich verlaufen.

Trotz der beschriebenen Unsichtbarkeit des Corona-Erregers sind mittlerweile eine Reihe unterschiedlicher Bilder entstanden, die dem Menschen eine Orientierung im Umgang mit der Gefahr geben: Man denke einmal an die zahlreichen Piktogramme mit Hygienevorgaben, an die diagrammatischen Bilder mit den Inzidenzwerten oder an die Fotomontagen, die den viralen Erreger im Kontext tagesaktueller Geschehnisse reflektieren. Bei genauerer Betrachtung lässt sich feststellen, dass die geschilderte Latenz gleichsam ein konkretisierendes Aktivierungspotential besitzt. Genau diesem Potential widmet sich diese Abhandlung. Dieser einführende Vorspann dient dazu, das anthropologisch verankerte Bildbedürfnis im Kontext der Pandemie zu besprechen. Genauer noch: Es geht darum, zu beleuchten, wie die Latenz des Virus auf den gleichermaßen latent verlaufenden Vorgang des Imaginierens einwirkt und von da aus dazu beiträgt, dass Bilder im Sinne „geteilter Aufmerksamkeit" (Tomasello 2006, S. 128) zur gemeinsamen Kommunikation geschaffen werden. Diese Einführung stellt einige Vorüberlegungen an, die anschließend anhand zweier Betrachtungsfelder veranschaulicht und exemplifiziert werden. Bei diesen Feldern handelt es sich um den Bildjournalismus sowie die Kinder- und Jugendzeichnung.

1 Latenz aus medizinischer Sicht

Betrachtet man zunächst das Virus für sich, stellt man fest, dass es für das menschliche Auge im Alltag unsichtbar ist. Hinzu kommt, dass es in der Medizin Usus ist in Zusammenhang mit diesem Krankheitsverursacher auch von ‚Latenzzeit' zu sprechen. Die Rede von ‚Latenzzeit' dient in der analytischen Praxis dazu, das zeitweilige Verborgensein einer Krankheit in der symptomfreien Zeit zu beschreiben (vgl. Vike 2007, S. 148). Sobald die Krankheit aus ihrer Latenz hervortritt versucht man dann durch „medizinische Diagnose und Prognose [...], die verborgenen Aspekte der Krankheit aufzudecken und ihren genauen Verlauf und ihre Entwicklung vorherzusagen" (ebd.).

Die besondere Herausforderung im Fall des Corona-Virus besteht darin, dass es sich um ein neuartiges Virus handelt. Der Erreger stellt die Virologen vor große Herausforderungen, denn die Krankheitsverläufe sind (noch) nicht hinreichend erforscht. Fragen der Latenz wiegen im Vergleich zu bekannten Krankheitserregern ungleich mehr. Das Virus, das unter Experten[1] auch als Sars-CoV-2-Erreger bezeichnet wird und erst seit 2019 bekannt ist, wird zu dem Zeitpunkt, zu welchem die vorliegenden Gedanken verfasst werden, unter Hochdruck erforscht. Ziel dieser Forschungen ist es, bald möglichst eine effektive Eindämmung der Krankheit zu erreichen.

Während man zuerst vermutete, dass sich der Erreger hauptsächlich durch Tröpfcheninfektion und in seltenen Fällen auch durch Schmierinfektion übertrage, ergaben später Befunde, dass bereits kontaminierte Aerosole, die man beispielsweise beim Sprechen ausstößt, infektiös sein können (vgl. Evers 2020). Besonders schwerwiegend und gleichsam verhängnisvoll ist die damit in Zusammenhang stehende Unberechenbarkeit, mit der sich das Virus ausbreitet: Menschen können als Virusträger die Infektion über Tage hinweg verbreiten, ohne Symptome der Krankheit zu zeigen (vgl. Mayer 2020). Die Latenz des Virus ist hochriskant und beschäftigt auch Forscher jenseits medizinischer

---

1 Es wird zugunsten des Leseflusses von einer geschlechtsspezifischen Differenzierung abgesehen und auf geschlechterneutrale Formulierungen oder das generische Maskulinum zurückgegriffen. Nichtsdestoweniger sind alle Geschlechter gleichermaßen gemeint.

Fachgrenzen. So stellt die Kulturwissenschaftlerin Aleida Assmann beispielweise in einem Kommentar im *stern* fest:

> „Die Ungewissheit, die einst als schicksalshaft hingenommen wurde, wird heute im Modus des Risikos mit täglichen Prognosen, Statistiken und Hochrechnungen des Robert Koch Instituts bearbeitet und abgefedert." (Assmann 2020)

In Assmanns Aussage verbinden sich ‚Ungewissheit' und ‚Risiko' zu einer überaus treffenden Zustandsbeschreibung für das Leben in und mit der Pandemie. Beide Faktoren durchziehen und durchwirken den öffentlichen wie auch privaten Lebensbereich und stellen das gemeinsame Miteinander auf eine harte Probe. So kam es – entgegen vieler Hoffnungen – im Herbst 2020 zu einer zweiten Welle, die, wie oben bereits beschrieben, erneute Restriktionen nach sich zog.

Mitte des Jahres 2020 schätzten Experten, dass ein brauchbarer Impfstoff von der Testphase über die Zulassung bis hin zur Produktion und Impfung nicht vor 2021 erhältlich sein würde (vgl. Albrecht/Hoffmann 2020). Umso überraschender erschien Ende 2020 die Nachricht, dass – entgegen dieser Prognosen und früher als erwartet – ein brauchbarer Impfstoff gefunden und verfügbar sei. Im Dezember 2020 erreichte uns die Nachricht, dass den Biontech-Gründern Özlem Türeci und Uğur Şahin ein Forschungsdurchbruch gelungen sei. Das in Mainz ansässige Biontech-Unternehmen habe nicht nur ein wirksames Vakzin gefunden, sondern sogar eine weltweite Zulassung erhalten (vgl. Klusmann 2021).

Doch trotz dieses medizinischen Forschungserfolges hatte Anfang 2021 das Virus die Welt weiterhin im Griff. Ungeachtet des mit dem Impfstoff verbundenen Hoffnungszeichen ist noch längst kein Ende der Pandemie in Sicht. Ob anhaltende Infektionszahlen und Todesfälle, Mutationen des Krankheitserregers oder Lieferengpässe beim Impfstoff – auch zu Beginn des Jahres 2021 war es unklar, wann genau ein neuer, stabiler *Status quo* gefunden und der Zustand latenter Unsicherheiten eingedämmt sein würde. Welche langfristigen und tiefgreifende Auswirkungen sich gesamtgesellschaftlich gesehen aus der Pandemie ergeben, bleibt ebenfalls abzuwarten.

2 Latenz und Bildbedürfnis

Obwohl das Corona-Virus, wie oben beschrieben, in mehrerlei Hinsicht von einem Schleier der Latenz umgeben ist, machen sich die Menschen – aus der Pandemie heraus gesprochen – fortwährend Bilder davon. Dieser Abschnitt spürt zunächst einmal der Frage nach, woher dieses Bildbedürfnis rührt, um sich dann im weiteren Verlauf dieser Arbeit exemplarisch den Corona-Bildern anzunähern.

Das Bildbedürfnis stellt eine *conditio humana* dar und hat sich bereits hinlänglich in unserem alltäglichen Sprachgebrauch sedimentiert. Redewendungen wie ‚sich ein Bild machen', ‚im Bilde sein' oder ‚jemanden bzw. etwas ins Bild setzen' zeugen von der Bildmacht unseres Weltbezugs. Mehr noch: Was diese sprachlichen Wendungen allesamt verbindet, ist die Tatsache, dass sie uns darauf hinweisen, dass sich Subjekt und Objekt nicht als isolierte Entitäten gegenüberstehen. Der Mensch und seine Mit-Welt unterhalten einen aktiven Dialog, wobei sich Vorstellungs-, Wahrnehmungs- und Ausdrucksbilder gegenseitig befruchten. Im Ergebnis kommt es zu Symbolisierungsprozessen.

Um bereits an dieser Stelle den Reflexionsspielraum einzugrenzen, sei angemerkt, dass im Fortgang von einem erweiterten Bildbegriff, wie er sich bereits durch die Verwendung der selbst bildhaften Sprachformeln angedeutet hat, abgesehen wird. Den Schwerpunkt dieser Abhandlung bilden ausschließlich unbewegte, zweidimensionale Bilder. Zur weiteren Kontextualisierung lohnt es sich vor dem Hintergrund dieser Eingrenzung, den Philosoph Hans Jonas[2] heranzuziehen. Denn er hat sich mit den an das Bildbedürfnis gekoppelten Symbolisierungsprozessen näher beschäftigt.

Jonas hat den Menschen – in Abgrenzung zum Tier – als ein „sprechendes, denkendes, erfindendes, kurz ein ‚symbolisches' Wesen" (Jonas 1961, S. 162) bestimmt und in diesem Zusammenhang den Begriff *homo pictor* geprägt.

---

2 Hans Jonas hat mit seinen Ausführungen wesentliche Bausteine und Impulse für eine Bildanthropolgie gelegt. In der Fortsetzung seiner Ausführungen hat sich mittlerweile ein ganzer Forschungsdiskurs herausgebildet, der beispielsweise das von Jonas proklamierte Primat des Bildvermögens gegenüber dem Sprachvermögen hinterfragt (vgl. Sachs-Hombach/Kremberg/Schirra 2013). Doch weil derlei Fragestellungen für die hier vorliegende Abhandlung nicht weiter relevant sind, soll es mit dieser Fußnote sein Bewenden haben.

Denn im Unterschied zum Tier verfüge der Mensch, so Jonas, über ein inneres Bildvermögen. Dieses Vermögen äußere sich beispielsweise in der imaginären Vergegenwärtigung von Abwesendem oder Unwirklichem. Nur ein Wesen, das zur Vorstellung fähig sei, könne, führt Jonas weiter aus, zur symbolischen Darstellung von Gegenständen und Sachverhalten übergehen (vgl. ebd., S. 174 und passim). Eben dieser Schritt vom Imaginären zum äußeren symbolischen Ausdruck stellt für ihn eine phylogenetisch (evolutionär) wie auch ontogenetisch (im einzelnen Individuum) gewachsene bzw. wachsende Wesensstruktur dar. Diese veranschaulicht er durch entsprechende Hinweise auf die Höhlenmalereien in Altamira (vgl. ebd., S. 162) oder das Wesen der Kinderzeichnung (vgl. ebd., S. 165 und passim). Weiterhin stellt er als verbindenden und zugleich verbindlichen Faktor für das erfolgreiche Zustandekommen bildhafter Symbolisierungen deren Intentionalität heraus. Entsprechend heißt es in seinen Darstellungen:

> „Die unfreiwilligen Übervereinfachungen und Verzerrungen von Kinderzeichnungen, oder die Souveränität künstlerischer Absicht, mögen nur schwache Spuren von Ähnlichkeit zum dargestellten Gegenstand übriglassen. Dennoch sind für Künstler und Betrachter gleicherweise selbst solche forcierten Ähnlichkeiten immer noch Darstellungen des fraglichen Gegenstandes, solange die *Absicht* [Hervorh. A.S.] erkennbar bleibt. Es gibt fast keine Grenze für die Spannweite der Imagination, über die das Vermögen symbolischen Verstehens verfügt." (ebd.)

Das, was vorstehend als bildhafte Symbolisierung herausgearbeitet wurde, lässt sich gleichsam als der kommunikative Inhalt von Bildern auffassen. Vor diesem Hintergrund kann der an die Pandemie gekoppelte Bildprozess, der die Imagination befeuert und sich infolgedessen in Form äußerer Bilder Bahn bricht, als ein Mittel der Orientierung eingeschätzt werden. Mit dieser Einschätzung ergibt sich eine Brücke zu Christoph Wulf, der die Rede von „Orientierungsbildern" (Wulf 2019, S. 32) als eine Variante innerer Bilder geprägt hat.

Orientierungsbilder seien, laut Wulf, kollektiv und funktionierten als Bezugspunkte und Richtungsweiser (vgl. ebd., S. 32). Die orientierungsstiftende Funktion innerer Bilder stünde, so Wulf weiter, in einem öffentlichen Austausch. Sowohl die kollektive Betroffenheit als auch der öffentliche Wirkradius formen Aspekte, die für die pandemischen Bilder gleichfalls gelten. Nichtsdestoweniger muss eingeräumt werden, dass diese Inanspruchnahme Wulfs für die pandemischen Bilder eine definitorische Erweiterung darstellt. Denn Wulf hat sich in seinen Darstellungen auf Erziehungs- und Sozialisationsprozesse begrenzt. Die hier vorgenommene Erweiterung ist meines Erachtens aber legitim, da die Sprengkraft des pandemischen Geschehens die bestehende Ordnung von heute auf morgen auf die Probe gestellt hat. Bisher geltende Orientierungsmuster gerieten bzw. geraten ins Schlingern und bedürfen bisweilen einer Revision, was sich mittelfristig auch auf die Erziehung und Sozialisation auswirkt bzw. auswirken wird.

Die orientierungsstiftende Funktion eines in der Pandemie einsetzenden Bildprozesses soll an dieser Stelle also keinesfalls übergeneralisiert werden. Stattdessen geht es darum, bereits zum jetzigen Zeitpunkt in eine vorläufige und gleichzeitig konstruktive Auseinandersetzung mit der Pandemie zu treten. Entsprechend lässt diese Schrift offen, ob ‚etwas' oder ‚jemand' ins Bild gesetzt wird. Diese Offenheit ermöglicht zwei unterschiedliche Blickrichtungen. Zum einen lässt sich betrachten, wie wir (scil. ‚jemand') über das Virus ins Bild gesetzt worden sind, zum Beispiel in Form medialer Berichterstattung. Zum anderen bietet sich die Möglichkeit, genauer nachzuschauen, wie sich das pandemische Geschehen (scil. ‚etwas') in der individuellen Bildsprache von Kindern und Jugendlichen ausdrückt. Dass und wie sich diese beiden Blickrichtungen komplementieren, beleuchten die folgenden Ausführungen näher.

3 Betrachtungsfelder

Vor dem Hintergrund des vorstehend umrissenen Bildbedürfnisses im Allgemeinen und der Orientierungsfunktion von Bildern im Speziellen verwundert es schließlich nicht, dass die Menschen visuell wahrnehmbare Bilder des Corona-Virus' gesucht und in der Konsequenz erzeugt haben. Hierzu bedienten sie sich der Elektronenmikroskopie. Das durch dieses apparative Bildverfahren gewonnene ‚technische Bild' (vgl. Bredekamp/Schneider/Dünkel 2008) lieferte dann die Grundlage für die Entwicklung weiterer Visualisierungen – jenseits des ursprünglich technischen Bildtypus'. Hinzu kommen Bilder, die nicht mehr das Virus an sich thematisieren, sondern die pandemischen Auswirkungen. Einen Einblick in die Bildwelt rund um das Corona-Virus wird im Folgenden anhand zweier Betrachtungsfelder exemplarisch gegeben: dem Bildjournalismus sowie der Kinder- und Jugendzeichnung.

3.1 Bildjournalismus

Zwar umgibt das Corona-Virus, wie oben beschrieben, eine Aura der Latenz. Nichtsdestoweniger haben es Naturwissenschaftler geschafft, mithilfe der Elektronenmikroskopie Bilder zu gewinnen, die die Morphologie des Corona-Virus aufdecken. Dieses bildgebende Verfahren war bzw. ist notwendig, da das Virus winzig und für das menschliche Auge nicht sichtbar ist. Unter dem Elektronenmikroskop, das übrigens lediglich Schwarzweißbilder erzeugt, erscheint das Virus dann kugelförmig, wobei diese kugelförmige Hülle Fortsätze aufweist (vgl. IMB 2020). Diese Fortsätze (auch *Spikes* genannt), die von der Oberfläche des Virus nach außen ragen, ergeben eine Kranz- bzw. Kronenform, von der das Corona-Virus seinen Namen hat (lateinisch „corona" für „Kranz" oder „Krone").

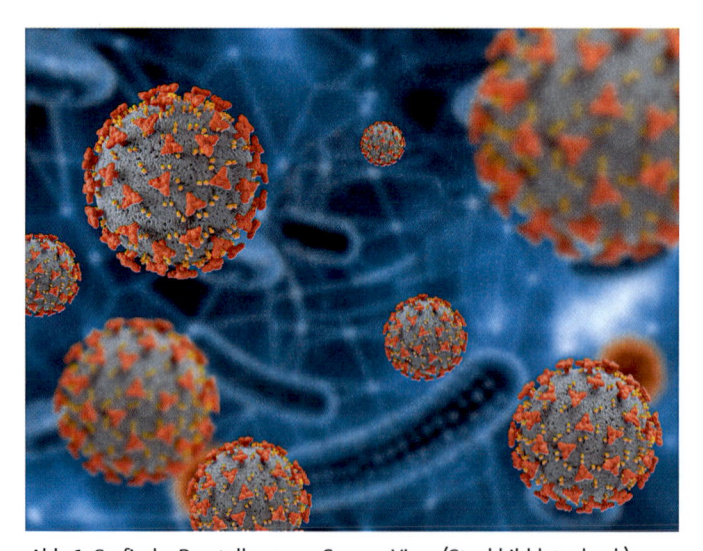

Abb. 1: Grafische Darstellung von Corona-Viren (Stockbilddatenbank)

Die mithilfe der Elektronenmikroskopie gewonnenen Bilder haben sich blitzschnell massenmedial verbreitet. Im Zuge dessen ist es interessant zu beobachten, auf welche Art und Weise das mikroskopische Bild vervielfältigt wurde. Viele der medial geteilten Bilder werden von Stockagenturen angeboten (vgl. Abb. 1). Deren Visualisierungen sind – im Unterschied zum elektronenmikroskopischen Bild – farbig und stark stilisiert. Sie wirken – entgegen des lateinischen Namens – wenig majestätisch. Anstelle von Kronzacken sehen wir eckige bzw. kantige Widerhaken, die uns in roter Signalfarbe gefährlich entgegenstrahlen. Doch damit nicht genug: Insbesondere auf den Titelseiten überregionaler Nachrichtenmagazine konnte man beobachten, wie diese stilisierten Darstellungen des Viruspartikels zusätzlich mit tagesaktuellen Geschehnissen überblendet worden sind. Die hier gewählte Rede von ‚Überblendung' spielt darauf an, dass der Bildjournalismus nicht allein dem oben beschriebenen Bildbedürfnis zuarbeitet. Denn die visuelle Berichterstattung lässt sich als ‚mediatisiert' und in manchen Fällen sogar als ‚inszeniert' spezifizieren (vgl. Kepplinger 2001, S. 126). Diese von Hans Mathias Kepplinger stammende Kategorisierung medialer Berichterstattung trägt der Tatsache Rechnung, dass die Pandemie einerseits aus ‚mediatisierten Ereignissen' besteht, die „vermutlich auch ohne die zu erwartende Berichterstattung geschehen wären, wegen ihr aber einen spezifischen, mediengerechten Charakter erhalten." (ebd.) Andererseits lässt sich die Pandemie gleichsam als Verkettung ‚inszenierter Ereignisse' einschätzen. Eine solche Inszenierung ergibt sich beispielsweise durch Pressekonferenzen, „die eigens zum Zwecke der Berichterstattung herbeigeführt werden und folglich ohne die Erwartung der Berichterstattung nicht geschehen würden." (ebd.) Man denke hierzu beispielsweise an die regelmäßigen Updates durch das Robert-Koch-Institut oder die Bundeskanzlerin. Vor diesem Hintergrund muss schließlich auch bedacht werden, dass der Bildjournalismus dem anthropologisch verankerten Bildbedürfnis zwar entgegenkommt und dabei hilft, die Geschehnisse einzuordnen und zu verarbeiten, aber gleichzeitig auch den Informationsfluss filtert und die allgemeine Wahrnehmung auf diese Weise mittelbar lenkt und unter Umständen sogar beeinflusst (vgl. Müller/Geise 2014, S. 264).

Um schließlich Anschaulichkeit zu gewinnen, soll ein allgemeiner Blick auf Pressebilder geworfen werden, die die Pandemie thematisieren. Zieht man überregionale und internationale Nachrichtenmagazine heran, lassen sich – zusätzlich zur Darstellung des Viruspartikels – weitere wiederkehrende Motivgruppen ausmachen (Stand 06/2020), die, so meine These, mittelbar unsere Wahrnehmung und auch Vorstellung von dieser krisenhaften Situation prägen bzw. geprägt haben. Diese wiederkehrende Motivgruppen lassen sich folgendermaßen paraphrasieren:

- Pflegesituationen, die sowohl das Leiden bzw. die Bedürftigkeit der Infizierten als auch die harten Arbeitsbedingungen zeigen, unter denen geholfen wird
- Mund-Nase-Bedeckungen, die entweder ohne Träger oder mit Träger in alltäglichen Umgebungen und Situationen erscheinen
- Kanonische Werke der Kunstgeschichte, die durch Schutzkleidung zur Vorbeugung von Virusinfektionen aktualisiert worden sind[3]
- Diagrammatische Bildformen, die die Infektionszahlen oder/und die Wirtschaftsleistung thematisieren
- Erdkugeldarstellungen wahlweise mit Schutzmaske oder Corona-Viruspartikel(n) als Zeichen für die Pandemie
- Bilder von onlinebasierten Videoanrufen bzw. -konferenzen, die bisweilen mosaikartig angeordnet sind
- Fenstereinblicke und -ausblicke als ein Sinnbild des behausten und gleichsam zu Hause isolierten Menschen.
- …

Im Rahmen dieser Abhandlungen werden nicht alle vorstehend gelisteten Motive näher beleuchtet Dies hängt unter anderem damit zusammen, dass meine

---

[3] Es sei hier beispielhaft auf zwei überregionale Medien verwiesen. Um Ostern 2020 tauchten auf dem Titel von *Die Zeit* wie auch *Der Spiegel* klassische Kunstwerke auf, die entsprechend hygienischer Schutzmaßnahmen modifiziert wurden. *Die Zeit* zeigte das Gesicht von Botticellis *Venus*, das allerdings aufgrund des Tragens eines Mundschutzes partiell ungebräunt geblieben ist (16.04.2020; Nr. 17), und *Der Spiegel* versah Dürers *Betende Hände* mit Gummihandschuhen (11.04.2020; Nr. 16).

Ausführungen situativ aus der Pandemie herausblicken. Es geht darum, zu erörtern, wie das Phänomen der Latenz nicht nur dem Corona-Virus selbst immanent ist, sondern sich gleichsam auf den journalistischen Bildprozess auswirkt. Die vorstehend erfassten Motivgruppen geben schlaglichtartig wieder, wie sich uns die Pandemie medial darbietet bzw. wie wir sie visuell erleben. Im zweiten Arbeitsteil greife ich exemplarisch dann das Fenstermotiv heraus. Dieses ist nicht nur ein Abbild von Quarantänestationen. Es lässt sich aufzeigen, dass in der Darstellung des Fensters Symbolisierungsprozesse mitschwingen, welche kunst- und kulturgeschichtliche Zusammenhänge mindestens latent zur Diskussion stellen.

3.2 Kinder- und Jugendzeichnung

Die vorausgehende Liste mit den bildjournalistischen Motivgruppen spiegelt Themenfelder wider, die in der Hauptsache kollektive, die Erwachsenenwelt betreffende Erfahrungen kommunizieren. Um ein umfänglicheres Bild in Bezug auf die Bildprozesse in Zeiten der Corona-Pandemie erhalten zu können, möchte ich zusätzlich die Jüngsten unserer Gesellschaft berücksichtigen und danach fragen, welche Bilder Kinder bzw. Jugendliche im Zuge der Pandemie begleiten bzw. begleitet haben. Zur Beantwortung dieser Frage wird zuerst nochmal das Bild des Fensters aufgegriffen. Denn diese Öffnung in der Wand wurde nicht einzig bildjournalistisch beansprucht. Wie Kinder gemeinsam mit ihren Eltern bzw. Erziehungsberechtigten diese Wandöffnung ebenfalls als einen kommunikativen Kanal genutzt haben, indem sie Regenbögen gestalteten und darauf befestigten, behandelt ein eigenes Teilkapitel. Anschließend werden zwei Konvolute mit Zeichnungen aus dem Kunstunterricht einer Gesamtschule herangezogen. Das erste Konvolut ist im Frühjahr 2020 entstanden. Zu diesem Zeitpunkt sprach man von der ersten Corona-Welle. Das von ihr ausgehende Gefahrenpotential veranlasste die Bundesregierung dazu, das öffentlichen Leben stark einzuschränken. In der Konsequenz wurden unter anderem sukzessiv die Schulen geschlossen und der Schulunterricht nach Hause verlagert. Im Rahmen des Fernunterrichts habe ich in meiner Funktion als Kunstlehrer einer sechsten Klasse einen Bildimpuls mit dem Titel „Kampf dem Corona-Geist" zukommen lassen. Dieser diente den Schülern als Ausgangspunkt für einen Comic. Den Sechstklässlern war einerseits eine thematische Rahmung gegeben und gleichzeitig hatten sie Raum, sich bildnerisch mit dem auseinanderzusetzen, was sie in jenem Moment lebensweltlich unmittelbar beschäftigte. Der Bildimpuls forderte sie dazu auf, eine in die Zukunft gerichtete Narration zu entwickeln. Wie diese Narrationen ausgefallen sind und an welche unterrichtlichen Ausgangsbedingungen das Ganze gekoppelt war, wird anhand dieses ersten Bildkonvoluts veranschaulicht.

Das zweite Konvolut stammt aus dem im Winter 2020/21 stattgefundenen Präsenzunterricht. In diesem Fall habe ich Neuntklässler damit beauftragt, ein Selbstporträt mit einer fiktiven Schutzmaske zu zeichnen. Die Schutzmaske sollte den verdeckten Teil des Gesichtes so darstellen, dass sich eine fantastische Metamorphose ergibt. Es ging also um die Verschränkung einer äußerlichen Selbstdarstellung und einer frei fabulierten und gleichsam den affektiven Gesichtsausdruck komplementierende Imagination. Dieses Unterrichtsprojekt wurde im November 2020 begonnen. Damit war ein Zeitpunkt gegeben, zu dem die Schüler den Unterricht durchgängig mit Maske besuchen mussten und selbst Erfahrungen mit den an diese Schutzmaßnahmen gekoppelten Einschränkungen sammelten. Mit anderen Worten: Sie erfuhren auf direkte Weise, wie eingeschränkt die eigene mimische und sprachliche Ausdrucksfähigkeit ist, wenn man über einen längeren Zeitraum hinweg eine Mund-Nasen-Bedeckung tragen muss. Da es im Dezember 2020 im Zuge einer zweiten Corona-Welle dann erneut zur Aufhebung des Präsenzunterrichts kam, haben die Jugendlichen ihre Selbstporträts schließlich in häuslicher Isolation fertiggestellt. Zu welchen metamorphischen Gesichtsausdrücken die Jugendlichen gekommen sind, wird anhand dieses zweiten Konvoluts bebildert und analysiert.

3.3   Zusammenfassung

Die vorstehenden Betrachtungsfelder markieren zwei verschiedene Schwerpunkte: Einerseits geht es um Bildjournalismus und andererseits um das Feld der Kinder- und Jugendzeichnung. Diese beiden Bereiche unterscheiden sich deutlich voneinander. Von bildjournalistischen Erzeugnissen erwartet man Informationen zu tagesaktuellen Themen, die das öffentliche Leben betreffen. Demgegenüber sind die Zeichnungen von Kindern und Jugendlichen persönlich und in der Regel einem sehr begrenzten Radius an Leuten zugedacht. Nicht zuletzt bereitet die mediale Anlage beider Bildformate genau diese Unterschiede vor und gibt in der Folge auch eine Anleitung, von wem das jeweilige Bild wie rezipiert werden soll.

Berücksichtigt man darüber hinaus die Unsichtbarkeit des Virus und wie diese gleichsam die Imagination befeuert, lässt sich die Blickweise auf die beiden Bildformate weiter ausschärfen. Die Analyse der journalistischen Bilder fordert eine bild- und kommunikationswissenschaftliche Herangehensweise ein, wohingegen die Analyse der von Kindern und Jugendlichen gezeichneten Bildern kunstpädagogisch angegangen werden muss.

Die beiden unterschiedlichen Blickpunkte auf den Bildprozess in Zeiten der Pandemie, das möchte ich betonen, schließen sich trotz der vorgetragenen Unterschiede nicht gegenseitig aus. Erstens lassen sich beide Erschließungsweisen als hermeneutisch charakterisieren. Zweitens legen sowohl die öffentlich distribuierten als auch die privat geteilten Kinder- bzw. Jugendzeichnungen die Bedeutung eines kommunikativen Umgangs mit dem unsichtbaren Corona-Virus offen. Hierbei divergieren beide Bildprozesse zwar hinsichtlich ihrer Adressaten und ihrer medialen Aufbereitung bzw. Erzeugung. Nichtsdestoweniger verdeutlichen sie das Bedürfnis das Nicht-Sichtbare soweit zu konkretisieren, dass ein Dialog darüber möglich wird. Dieses dialogische Moment ist zutiefst anthropologisch verwurzelt; es lässt sich mit Michael Tomasello auch als „Szene geteilter Aufmerksamkeit" (Tomasello 2006, S. 128) charakterisieren.

Die nachstehenden Arbeitsteile werden jeweils mit einem kurzen methodischen Vorspann eingeleitet und bilden in sich geschlossene Betrachtungsbausteine. Doch trotz dieser separaten Behandlung unterhalten beide Textteile mindestens virtuell einen Dialog. So wird sich zeigen, dass das Fenster nicht nur bildjournalistisch in der Krise beansprucht wurde. Auch Kinder haben sich gemeinsam mit ihren Eltern des Fensters bemächtigt: Sie haben es als Kommunikator in der Corona-Krise genutzt, indem sie Regenbögen darauf anbrachten und diese Regenbögen häufig mit den Worten „Alles wird gut" versahen. Insgesamt dokumentieren beide Teile also nicht bloß ein Moment unserer Zeitgeschichte; sie veranschaulichen gleichzeitig das anthropologisch verankerte Bedürfnis nach einem gemeinsamen Dialog über das Latente. Dabei bleibt die Latenz, wie zu zeigen sein wird, nicht einzig auf das Virus beschränkt. Sowohl die medial vermittelten Bilder als auch die Bilder von Kindern und Jugendlichen weisen sozio-kulturelle und kulturgeschichtliche Referenzpunkte auf, die bei der Betrachtung von gestalteten Anschauungsbildern mindestens latent mitschwingen (vgl. hierzu Wulf 2019, S. 61 und passim). Eine Sensibilisierung für derlei Latenz(en) herbeizuführen, ist Ziel und Gegenstand dieser Abhandlung.

II Fenster in der Corona-Pandemie. Notate zur *Visuellen Kommunikation*

Wie bereits der Begriff ‚Notate' in der Überschrift dieses Arbeitsteils ankündigt, erheben die nachfolgenden Ausführungen keinen Anspruch auf Finalität bzw. Vollständigkeit. Sie nähern sich der *Visuellen Kommunikation* in Bezug auf die Corona-Pandemie an, wobei sie allein aufgrund der Gegenwärtigkeit der Pandemie vorläufig bleiben müssen. Schriebe man die vorliegende Abhandlung nicht aus der Krise heraus, sondern rückblickend, ergäben sich möglicherweise neue, ganz andere Akzentuierungen.

0 Einleitung *(von Silvio Vietta)*

Fenster sind eigenartige Öffnungen. Sie trennen ab und verbinden: Innenraum mit Außenräumen und das Draußen mit dem Drinnen. Das Wort ist ein Lehnwort zum lateinischen „fenestra", was darauf hindeutet, dass das Fenster ein Kulturobjekt ist, das die Germanen erst durch die römische Kultur kennenlernten. Die Römer haben ihrerseits Wort und Sache wohl aus dem Etruskischen übernommen. Das Gotische kannte immerhin schon das „ouagtora" – Augentor – altgermanisch „Wind-Auge", was sich in „window" erhalten hat. Das Fenster reist also durch die Kulturgeschichte und öffnet selbst ein Fenster zur nächsten, um so etwas wie ‚Fenster' bei sich hereinzulassen. Die hohe Kunst des Glasfensters, das den Lichteinfall von außen ermöglicht, ohne zu viel Wärme von innen abzugeben, kannten die Römer auch schon, über die Klöster und Kirchenkunst kam es im Mittelalter auch nach Germanien.

Alexander Schneider hat in seinem Essay das Fenster auf eine andere Kulturreise mitgenommen: als Symbol in der Corona-Pandemie. Er nutzt dabei eine Methodik der Ikonographie anhand von Titelseiten großer Zeitschriften, auf denen jeweils Fenster eine zentrale Rolle spielen. Wie sind Fenster angeordnet, aus welchem Winkel sieht man sie, wer sieht wie heraus oder herein? Und was hat das alles mit einer Seuche zu tun?

Schneider bringt die Fensterdarstellungen, die ihrerseits bereits Corona-Erfahrungen spiegeln, in einen subtilen Deutungszusammenhang. Das Verfahren erinnert an Roland Barthes „Mythen des Alltags", der scheinbar triviale Ereignisse wie „Beefsteaks und Pommes frites", „Strip-tease", „Das Gesicht der Garbo", „Der neue Citroën" ihrer Trivialität entkleidet und ein Stück Zeitgeschichte in ihnen sichtbar macht. Von ihm stammt der Satz: Das Auto sei die Kathedrale des 20. Jahrhunderts. Um das zu erkennen, muss man die Blechkisten erst einmal auf eine höhere Deutungsebene hochfahren. Das ikonographische Verfahren der Deutung sieht im Werk etwas „Zeichenhaftes", das „Bedeutende eines Bedeuteten" (Barthes).

Schneider wirft solchen deutungshungrigen Blick auf die Titelseiten großer Zeitschriften und deutet: den kontemplativ romantischen Fenster-Blick einer jungen Frau, den Kopf auf den Arm gestützt auf einer Balustrade aus dem Fenster auf der Titelseite des Magazins *stern*; sodann die Fotomontage der

Kanzlerin durch das die Außenwelt spiegelnde Glas hindurch sinnend und nachdenkend den Blick nach oben gerichtet auf der Wochenschrift der *F.A.Z. Woche*: „Ausgang gesucht. Der lange Weg aus der Krise".

Dann ein klaustrophobischer Blick aus dem Fenster auf eine kalte Stadtszenerie, fast menschenleer, im Morgenlicht auf *Time* mit dem Titel „Finding Hope". In das Bild ist ein „Paste-Up" hineinmontiert, das Zebrastreifen auf dem Asphalt ähnelt, aber die Streifen nach oben und unten verrückt, ein Auge dazwischen. Im Weiteren das „Cochemar" der Ultrareichen auf der französischen Zeitschrift *Marianne*. Ein älteres Paar trinkt Sekt am Fenster und versucht sich so am Luxuserhalt auch in Krisenzeiten. Es könnte ein Paparazzo aufgenommen haben.

Unheimlich aber hoffnungsvoller kommunizieren die Fenster in der Dunkelheit eines großstädtischen Hinterhofs mit einem Gitarristen an einem der Fenster und Zuhörern an den anderen: Ein Cover des *New Yorker*. Und ebenfalls auf einer anderen Ausgabe dieses Magazin ein Blick in einen Krankenhausgang mit Rückenporträt einer Krankenschwester, die ihrerseits auf ein Handy mit Kinderszene und Männerfigur blickt, wahrscheinlich ihre Kinder mit dem Vater. Also Blick auf ein neues Fenster einer virtuellen Welt, die für die Schwester aber in diesem Moment die wahrscheinlich realere ist und aus der sie ihre Kräfte schöpft.

Dann auf dem italienischen *L'Espresso* der Blick eines jungen Mädchens als Rückenfigur handlungsentschlossen die Arme in die Seite gestemmt von außen auf einen Wohntrakt, in dem vielleicht ihre Mutter ihre traditionelle Hausfrauenrolle spielt. Der Text dazu: „Ripartenza (sostantivo femminile)", also ein genderpolitischer Blick ‚zurück im Zorn' und voraus auf eine andere, vielleicht weiblichere Zukunft. Schließlich das Fenster auf dem polnischen Magazin *Polityka* durch den leeren dunklen Gang eines Krankenhauses hin auf ein anderes Fenster, Angst evozierend angesichts des maroden polnischen Gesundheitssystems. Hier darfst du nicht krank werden!

Schneider nutzt in seinen Interpretationen stets die differenzierte Ausleuchtung der *Visuellen Kommunikation*, in denen jeweils Aspekte der Reaktion auf die Pandemie sich zur Schau stellen. Er resümiert: „Insgesamt haben die vorstehenden Bildanalysen offengelegt, dass die ephemere Wesenhaftigkeit des Fensters eine Bildformel liefert, die die Latenz des Corona-Virus soweit zu konkretisieren vermag, dass ein öffentlicher Diskurs über gesellschaftliche Prozesse und Problemstellungen möglich wird."

Eingeleitet wird der ganze Diskurs durch einen Blick auf die Vorgeschichte des Motivs ‚Fenster' in der europäischen Bildästhetik. Das Fenster als Bildmotiv taucht erst in der Neuzeit auf. Es ist die Zeit der Renaissance, in der Leon Battista Alberti in seiner Schrift über die Malerei „die theoretischen Grundlagen für die zentralperspektivische Bildkonstruktion" legt. Sie führt in eine Subjekt-Objekt-Trennung der Malerei ein, die eine „Grenze zwischen Betrachter und Betrachtetem" zieht, eingebettet und verbunden mit einer „Rahmenschau". Martin Heidegger hat diesen neuzeitlichen Blick auf die Welt der Objekte in seinen „Holzwegen" die „Zeit des Weltbildes" genannt: Die Welt wird zum Bild für ein vorstellendes Subjekt. Heidegger: „Diese Vergegenständlichung des Seienden vollzieht sich in einem Vor-stellen, das darauf zielt, jegliches Seiende so vor sich zu bringen, dass der rechnende Mensch des Seienden sicher und das heißt gewiss sein kann." Wie gesagt: Die Zentralperspektive geometrisiert den Raum, das Fenster rahmt das Bild. Aber nicht nur das Räumliche, „jegliches Seiende" – auch die zeithafte Geschichte – wird in der Neuzeit durch den Menschen wie durch ein Fenster besehen und damit in einen Rahmen gespannt und als Buch, Bild oder Film ‚vorgestellt'. Das Fenster wird so auch zu einer universalen Metapher der Neuzeit.

Kein Wunder also, dass das Motiv auch in Krisenzeiten der Moderne als Bildmotiv eine solche Rolle spielt. Alexander Schneider hat das erkannt und liefert uns ein spannendes Panorama der Fenster-Bilder auf Zeitschriften als Zeit-Zeichen einer krisenhaften Zeit unserer Epoche, der Corona-Pandemie.

Silvio Vietta, Heidelberg im Dezember 2020

1 Vorgehensweise

Um das in der Einführung dargestellte, anthropologische verankerte Bedürfnis danach, sich ein Bild zu machen, weiter zu veranschaulichen, wird in diesem zweiten Textteil das journalistisch beanspruchte Fenster-Bild exemplarisch herausgegriffen. Hieran lassen sich Blickpunkte und Gedankengänge herausfiltern, die die Corona-Krise maßgeblich prägen bzw. geprägt haben. Das Fenster eignet sich besonders gut dafür, da es eine Komplexität besitzt, anhand derer sich nicht nur die Pandemie vergegenwärtigen lässt, sondern auch daran geknüpfte kultur- und mentalitätsgeschichtliche Implikationen.

Zum methodischen Vorgehen lässt sich sagen, dass zunächst einige Vorbemerkungen zum Wesen des Fensters und zur Behandlung des Fensters in der Bildenden Kunst erfolgen. Auf dieser Basis lässt sich überhaupt erst eine fundierte Erschließung ausgewählter Fensterdarstellungen im bildjournalistischen Kontext bewerkstelligen. Diese Kontextanalyse gliedert sich methodisch in zwei Bereiche, die sich gleichzeitig komplementieren. Zum einen ist es die aus der *Visuellen Kommunikationsforschung* stammende Bildtypenanalyse. Diese Analyse bleibt mit Blick auf die situative Rahmung notwendigerweise heuristisch. Es geht im Folgenden „um die Identifikation und Erfassung wiederkehrender, eben typischer Darstellungsweisen bestimmter Themen, Aussagen, Situationen (…)." (Mülller/Geise 2015, S. 212f.) Es kann allerdings nicht bei der sich auf den ikonographisch-ikonologischen Ansatz berufenden Bildtypenanalyse stehen geblieben werden. Das Fenster und die mit ihm einhergehende Rahmenschau ist zum anderen auch an Beobachter bzw. Betrachter gebunden. Die Rede vom Betrachter bezieht sich dann sowohl auf eine zum bzw. am Fenster situierte Figur als auch auf den vom Bildjournalisten antizipierten Rezipienten. Es kommt also noch zusätzlich die Frage des implizierten Betrachters hinzu, weswegen außerdem die vom Kunsthistoriker Wolfgang Kemp für die Bildende Kunst formulierte Rezeptionsästhetik in den Ausführungen berücksichtigt wird (vgl. Kemp 1983).

Mit anderen Worten: Es geht darum, aufzuzeigen, mit welchen wiederkehrenden Fenster-Bildern die Printmedien arbeiten. Hierfür konzentrieren sich die Betrachtungen auf die Titelseiten überregionaler Nachrichtenmagazine westlicher Industriestaaten in der Zeit vom 26.03.2020 bis 10.05.2020. Diese

Fokussierung ermöglicht eine gute Vergleichbarkeit, denn dem Cover kann in Anlehnung an Katharina Lobinger eine ‚dramaturgische Funktion' zugeschrieben werden (vgl. Lobinger 2012, S. 108). Das Titelbild – soweit kann generalisiert werden – dient allgemein dazu, Aufmerksamkeit und Interesse zu wecken. Es ist der „Einstiegsreiz" (ebd.). Dass das Fenster mit dieser für eine Titelseite charakteristischen Reizfunktion übereinkommt, lässt sich bildrhetorisch begründen. Denn dem Fenster ist eine dialogische, den Betrachter bzw. das Gegenüber unmittelbar adressierende Struktur immanent (vgl. Sonntag 2006, S. 191).

Zum weiteren Vorgehen sei darauf hingewiesen, dass der Bildjournalismus, um den es hier geht, ein weites Feld formt. Obschon die Fotografie eine der tragenden Säulen ist (vgl. Lobinger 2012, S. 104), kommt man nicht umhin festzustellen, dass gerade die Titelseiten – neben Fotos – häufig auch andere, bisweilen hybride Bildformen aufweisen: Man denke an Fotomontagen oder grafische Illustrationen. In der Berichterstattung rund um das Virus kommt nun noch hinzu, dass man es – wie einleitend schon beschrieben – mit einem unsichtbaren Gegner zu tun hat, der eine einschneidende Immobilität herbeigeführt hat, die sich wiederum aus den staatlichen Restriktionen des sozialen Lebens weltweit ergeben haben. Inwieweit sich diese Restriktionen im Fenstermotiv verdichten und was uns dies über den Vorgang von Wahrnehmungs- und Vorstellungsbildung verrät, ist Gegenstand dieses Arbeitsteils.

Im Übrigen sei noch angemerkt, dass Zeitschriftencover multimodal angelegt sind; das heißt, dass sich das Bild in einem Wechselspiel mit typographischen Elementen befindet – man denke an den Magazintitel und Headline(s). Da sich die folgenden Ausführungen primär dem Bild widmen, steht diese Multimodalität nicht im Mittelpunkt. Sie wird dennoch insofern berücksichtigt, als danach gefragt wird, inwieweit die Titelschlagzeile die Bildwahrnehmung und damit auch Bildaussage beeinflusst – mehr dazu weiter unten. Die Entscheidung das Bild in den Mittelpunkt zu stellen, hängt damit zusammen, dass Bild und Text oft nicht gemeinsam produziert werden, sondern aufgrund arbeitsteiliger Spezialisierung journalistisch separat erstellt werden (vgl. Lobinger 2012, S. 113).

2 Fenster im Kontext

Bevor es darum geht, das Fenster als Titelmotiv der Corona-Krise zu besprechen, möchte ich vorweg einige wesenhafte, bild- bzw. motivgeschichtliche und rezeptionsästhetische Anmerkungen zum Fenster anführen. Erst so ist eine adäquate Reflexions- und Diskussionsgrundlage für die Besprechung der Titelseiten gegeben.

2.1 Schwelle zwischen innen und außen

Es lässt sich konstatieren, dass das Fenster eine architektonische Schwelle bildet; hier trifft der Innenraum auf den Außenraum und damit die private Sphäre auf die öffentliche. Ferner eröffnet das Fenster einen Durchblick. Die damit einhergehende Sehbewegung bleibt allerdings eingeschränkt: Der Fensterrahmen begrenzt das Blickfeld, wobei die Blickrichtung meistens von drinnen nach draußen gerichtet ist. Die Umkehr dieser Blickrichtung macht sich dem Verdacht des Voyeurismus schuldig – also eines verbotenen Blickverhaltens. Stefan Rasche hat diesen Zusammenhang treffend zusammengefasst: „Schon aufgrund seiner diskreten, halb verborgenen Warte hat sich der Fenster*ausblick* [Hervorh. im Orig.] vor allem mit Empfindungen der Kontemplation und Melancholie verknüpft, wohingegen der Fenster*einblick* [Hervorh. im Orig.] voyeuristische Züge trägt und damit einer Grenzverletzung gleichkommt." (Rasche 2003, S. 33) Die bei Rasche anklingende Positionierung eines Betrachters zum bzw. im Bild verweist auf die rezeptionsästhetischen Qualitäten der Fensterschau; sie werden unten noch näher erörtert.

Besonders hervorzuhebende Sonderformen, in denen der Dualismus von Privatheit und Öffentlichkeit in der soeben umrissenen Weise nicht gültig ist, sind Laden- bzw. Schaufenster sowie das sogenannte „Erscheinungsfenster" (Schmoll 1970, S. 31).

Auf Kommerz zielende Laden- bzw. Schaufenster bieten in der Regel Einblicke in die käufliche Warenwelt. Derlei Fenster erweitern den öffentlichen Raum auf Augenhöhe, wobei ihnen gleichsam eine appellative Funktion inhärent ist: Sie rufen den Betrachter und potentiellen Konsumenten zum Tauschgeschäft bzw. Konsum auf. Der bei Schmoll entlehnte Terminus ‚Erscheinungsfenster' (vgl. ebd.) bezieht sich auf das Auftreten bzw. Erscheinen einer politischen

Figur oder eines Würdenträgers am Fenster eines repräsentativen Gebäudes. Hierbei befindet sich der Betrachter in der Regel nicht auf Augenhöhe mit dem Erscheinenden, sondern ist ihm untergeordnet. Die mit diesem Erscheinen verknüpfte deklarative bzw. repräsentative Funktion des Fensters finden wir noch heute – beispielsweise im Umfeld der katholischen Kirche. So spricht der Papst regelmäßig das Angelus-Gebet vom Fenster seines Arbeitszimmers aus.

2.2 Bildtheoretische und motivgeschichtliche Implikationen

Weitet man den Betrachtungswinkel und blickt auf das Fenster speziell in der Bildenden Kunst, erschließt sich ein komplexes Feld. Die Komplexität liegt mitunter in den weltanschaulichen Implikationen, die sich dem Fenster im Laufe der Zeit eingeschrieben haben.

Einen wichtige Eck- und gleichsam Startpunkt formt aus meiner Sicht die auf das Mittelalter folgende Neuzeit. Es ist die Zeit, in der die mimetische Wiedergabe der sichtbaren Erscheinungswelt (*ars imitatur naturam*) wieder oberste Priorität gewonnen hat. Dazu lieferte unter anderem Leon Battista Alberti mit seiner Schrift „Über die Malerei" (1435) die theoretische Grundlage für die zentralperspektivische Bildkonstruktion. Er geht darin von einem idealen Betrachter aus, vor dessen Auge sich die euklidische Sehpyramide eröffnet. Das zentralperspektivisch konstruierte Bild ist dabei als senkrechter Schnitt, durch ebendiese Sehpyramide zu verstehen. Indem Alberti das daraus resultierende Bild mit einem ‚offenstehenden Fenster' (*finestra aperta*[4]) vergleicht, fixiert er den Betrachter grundsätzlich außerhalb des Bildes (vgl. Alberti 2002, S. 92f.). Streng genommen zieht er mit der Fenster-Metapher eine Grenze zwischen Betrachter und Betrachtetem. Im Unterschied zur Tür, um an die oben umrissenen Wesenszüge des Fensters anzuknüpfen, ist die Fensterschau immer ortsgebunden. Ein räumlicher Wechsel kommt nicht infrage. Der Betrachter ist unverrückbar außerhalb der Bildwelt angesiedelt. In der Folge ist die Imagination des Betrachters beschnitten und spontane Augenbewegungen überhaupt nur eingeschränkt möglich.

---

4 Albertis Traktat liegt sowohl auf Italienisch als auch Lateinisch vor. Im vorliegenden Fall wird aus der italienischen Version „Della Pittura" zitiert.

Da der Fensterrahmen also maßgeblich den Sehvorgang moderiert, spreche ich in diesem Zusammenhang in Anlehnung an August Langen von ‚Rahmenschau'. Diesen Terminus hat Langen im Zuge seiner Beschäftigung mit der rationalistischen Literatur des 18. Jahrhunderts geprägt. Er fasst die ‚Rahmenschau' als eine didaktische Form auf, welche er folgende drei Eigenschaften beimisst. Es gebe *erstens* eine „Umrahmung" (Langen 1934, S. 8), die den Erkenntnisgegenstand so von seinem Umfeld absondere, dass der Rezipient seine Aufmerksamkeit zugunsten einer deutlichen Betrachtungsweise bündeln könne. Es ist in diesem Zusammenhang dann auch vom „Apperzeptionspunkt" (ebd.) die Rede. Die *zweite* Eigenschaft eines rahmenden Schauens liege darin, den Anschauungsgegenstand zum Stillstand zu bringen. Denn erst durch eine absolute „Bewegungslosigkeit" (ebd., S. 9) sei die Voraussetzung für ein klares und eindeutiges Erfassen gegeben. Als *drittes* Kennzeichen rationalistischen Sehens benennt Langen die „Zusammenschau" (ebd.). Er meint damit das „konzentrierte gleichzeitige Übersehen des an sich Verstreuten im Rahmen eines Bildes" (ebd.). Es ist in diesem Zusammenhang auch von „Evidenz" (ebd.) die Rede. Obwohl Langen die mit der Rahmenschau einhergehenden Kennzeichen nicht visuell am Motiv des Fensters entwickelt, können diese dennoch auf den rahmenden Blick durch das Fenster übertragen werden. Denn in der von Langen charakterisierten ‚Rahmenschau' spiegeln sich durchaus Aspekte des zentralperspektivischen Projektionsverfahrens und damit des neuzeitlichen Weltbilds wider: Es geht in beiden Fällen um die Lust am Schauen bzw. Durch-Schauen und letztlich um die Beherrschung der Um- und Mitwelt durch den Blick (vgl. Kleinspehn 1989, S. 70f.).

Abb. 2: Samuel van Hoogstraten: „Mann im Fenster" (1653)

Abb. 3: Caspar David Friedrich: „Abendstunde" (1825; verbrannt)

Dieses restriktive und gleichzeitig auf Rationalität zielende neuzeitliche Sehen ist nicht ohne Reaktion geblieben. Bereits im 17. Jahrhundert begann die holländische Malerei mit der einschränkenden Fenstermetapher zu spielen. Samuel Hoogstraten reagiert mit seinem Bild „Mann im Fenster" (vgl. Abb. 2) auf Albertis Metapher. Genau genommen verkehrte er die Blickrichtung. Der sonst unverrückbar außerhalb des Bilds befindliche Betrachter taucht plötzlich im Bild auf und reckt den Rezipierenden den Kopf entgegen. Die durch die Zentralperspektive gegebene Grenze zwischen Schauendem und Beschautem wird im Hoogstraten-Bild subtil hintertrieben (vgl. Müller 2004, S. 176f.). Später, in der Romantik, wandte sich beispielsweise Caspar David Friedrich noch rigoroser gegen die neuzeitliche Bildauffassung. Er schuf Fenster- wie auch Landschaftsbilder, die mittels Rückenfigur die Betrachtenden in das Bild leiten und so eine affektive Anteilnahme ermöglichen. Die Rückenfigur bildet hierbei eine Brücke zwischen Betrachter- und Bildwelt. Die entsprechenden Friedrich-Bilder – man denke die „Abendstunde" (vgl. Abb. 3) – weisen keinen „vorgängig konzipierten, von der Vorherrschaft des kalkulierenden Verstandes geometrisch fundierten (…) Bildraum" (ebd., S. 175) mehr auf. Die subjekt-objekt-spaltende Kraft der Zentralprojektion wird zugunsten subjektiver Einfühlung zurückgedrängt.

Blickt man auf die heutige Alltagskultur, finden sich hier weitere Sedimente der neuzeitlichen Fenstermetapher. Ob Kinoleinwand, Fernsehapparat, Smartphone-Display oder Computerbildschirm – sie alle sind virtuelle Fenster, die uns tagein und tagaus den Blick in die Welt öffnen. Im Kino ist Albertis Fenstermetapher am deutlichsten nachvollziehbar. Den Augpunkt der Sehpyramide formt der Projektor. Diesem will der Kinobesucher in der Regel am nächsten sein und wünscht sich am liebsten mittig und weit hinten zu sitzen.[5] Die Vormachtstellung des überblickenden Sehens und das Streben nach ordnender Distanznahme sind unverkennbar. Im Fall von Television und Smartphone ist das Fenster völlig variabel geworden. Unzählige Programm- und App-Angebote ermöglichen ein ständiges Zappen. Dabei sorgt gerade das stetig wachsende Konsumangebot für eine pluralisierte Wirklichkeit. Realität und Virtualität gehen nahtlos ineinander über und stellen Unverbindlichkeit her. Aspekte der damit einhergehenden Abnahme einer ausdauernden bzw. verweilenden Rezeptionsbereitschaft und -fähigkeit wäre separat zu diskutieren. Abschließend sei noch auf den Computerbildschirm als Fenster hingewiesen. Obgleich er nur ein Teil der Hardware ausmacht, ist er die zentrale Outputstelle. Er visualisiert eine Vielzahl an Menüfenstern, dazwischen die Benutzer hin und her wechseln können. Axel Müller, der diesen Zusammenhang auch aufgegriffen hat, hat außerdem auf den Namen des Betriebssystems WINDOWS hingewiesen. Dieser verleihe, so Müller, Albertis Fenstermetapher direkte Präsenz. Doch ob Microsoft die geschichtliche Tragweite bei der Wahl ihres Produktnamens bewusst war, so Müller weiter, sei nicht weiter belegt (vgl. Müller 2004, S. 180).

Die seit dem Barock beobachtbaren Reaktionen einer auf Kalkül und Rationalität bedachten Rahmenschau[6] werden, dies zeigen insbesondere die an-

---

5   Diese Beobachtung zum Rezeptionsverhalten speist sich aus meiner eigenen jahrelangen Studententätigkeit als Filmvorführer im Programmkino mit 35 mm Projektionen.

6   Das Prinzip der Rahmenschau ist zwar in Werken der Bildenden Kunst besonders in Bezug auf Albertis Fenstermetapher augenscheinlich. Nichtsdestoweniger aber auch in anderen Bereichen wirkmächtig. Erhellend ist in diesem Zusammenhang August Langens Schrift mit dem Titel „Anschauungsformen in der deutschen Dichtung des 18. Jahrhunderts (Rahmenschau und Rationalismus)" (1934).

geführten Beispiele aus der unmittelbar erlebten und gelebten Alltagskultur, zu keiner Zeit völlig außer Kraft gesetzt. Das Prinzip der Rahmenschau ist bis in die Gegenwart ausgesprochen wirkmächtig. Jedoch – soviel sei an dieser Stelle vorweggenommen – wird sie gerade im Zuge der Corona-Krise bildjournalistisch erneut irritiert.

Es lässt sich resümieren, dass dem Fenster ein epistemologisches Potential eingeschrieben ist. Einerseits ist es eine Schwelle, die zwischen Ich und Welt bzw. Subjekt und Objekt vermittelt. Andererseits kann *das Fenster nach außen* mit dem Akt des Wahrnehmens parallelisiert werden und *das Fenster nach innen* mit dem des Imaginierens, wobei beide Prozesse korrelieren; das heißt, dass sich Wahrnehmungs- und Vorstellungsbildung gegenseitig befruchten.[7]

2.3 Blick- und Betrachterlenkung

Dem Fenster als einem architektonischen Schwellenmotiv liegt aufgrund seines transitorischen Charakters eine Appellstruktur zugrunde, die notwendigerweise eine rezeptionsästhetische Betrachtungsweise auf den Plan ruft. Die Rezeptionsästhetik ist eine geisteswissenschaftliche Denkrichtung, die sich in den 1960er-Jahren entwickelte. Sie rückt die Rolle des Rezipierenden im Rezeptions- und Auslegungsprozess in den Mittelpunkt. Diese literatur- und später auch kunstwissenschaftliche Methode schließt an die Traditionslinien rhetorischen Denkens an bzw. beruft sich auf diese (vgl. u.a. Kemp 1983).

Sucht man schließlich eine Konkretion des im Fenster steckenden rhetorischen Potentials, lässt sich konstatieren, dass das Fenster eine Bildform darstellt, die „auf eine ausdrückliche Beziehung zum Betrachter ausgerichtet ist: Sie sucht den Dialog mit ihm." (Sonntag 2006, S. 191) Diesen dialogischen Wesenszug erörtert dieser Gliederungspunkt genauer, wobei im Vorausblick auf die zu besprechenden Titelseiten der Blick aus dem Fenster nachrangig bleibt. Der bildtheoretische bzw. motivgeschichtliche Exkurs hat bereits den Blick durch das geöffnete Fenster nach draußen und der damit einhergehenden

---

[7] Zur Korrelation von Wahrnehmung und Imagination vgl. grundsätzlich Sowa (2012a). Sowa beleuchtet diese Relation unter anderem auch mit Blick auf die Alberti'sche Fenstermetapher (vgl. Sowa 2012b, S. 160 und passim).

Darstellung von Raumtiefe sowie das damit einhergehende Phänomene des Blickes bzw. Blickens thematisiert.

Interessanterweise sind die Fensterdarstellungen im Rahmen der Corona-Krise in weiten Teilen auf die Außenansicht hin konzipiert. Aus rezeptionsästhetischer Sicht ergeben sich für die Analyse der Titelseiten im nächsten Gliederungspunkt zwei Untersuchungsschwerpunkte, die unmittelbar miteinander verzahnt sind: Einerseits geht es darum, die Rezeptionsvorgaben, mit denen bei diesem Bildtypus gearbeitet wird, aufzudecken und andererseits die daraus resultierenden Betrachterrollen vorzustellen. In Bezug auf diese beiden Schwerpunkte lassen sich einige allgemeine Vorbemerkungen treffen, die für beinahe alle hier zu analysierenden Fensterbilder zutreffen. Abweichungen sind entsprechend gekennzeichnet.

In Bezug auf die Rezeptionsvorgaben lässt sich besonders mit Blick auf den mimetischen Darstellungsmodus der vorwiegend auf Fotografien basierenden Titelbilder eine Nähe zur holländischen Genremalerei herstellen. So wird hier wie dort der von außen zur Ansicht stehende Fensterblick durch einen Rahmen moderiert. Weiterhin liegt – im Unterschied zum Fensterausblick – tendenziell „eine flache Raumschicht" (Sonntag 2006, S. 212) vor. Häufig teilt sich der Bildraum lediglich in einen Vorder- und Hintergrund. Das einfallende Licht beleuchtet – ähnlich einem Bühnenraum[8] – die Gegenstände und Personen, die sich unmittelbar um die Fensteröffnung herum befinden. Der Mittelgrund entfällt oder tritt zugunsten der vorderen Bildebene zurück. Der Innenraum, der den Hintergrund bildet, ist häufig wenig oder nur teilweise beleuchtet und für den Betrachter kaum oder gar nicht einsehbar.

Weitere Rezeptionsangebote ergeben sich durch die am Fenster erscheinenden Figuren. Diese Figuren sind insofern hervorzuheben, als sie gleichsam auch die Rolle des Betrachters festlegen. Die hier zu besprechenden Corona-Titelseiten gehen in ihrer rezeptionsästhetischen Ausrichtung deutlich über die Reflexionsfolie holländischer Genremalerei des 17. Jahrhunderts hinaus. Wo die eine Titelseite „eine Konversation des Betrachters mit der Bildfigur [im Sinne besagter Genremalerei, Anm. A.S.] herausfordert" (ebd., S 213),

---

8 Zum bühnenhaften Charakter des Fensters in der holländischen Malerei des 17. Jahrhunderts vgl. grundsätzlich Sonntag 2006.

verfährt die andere genau andersherum, indem sie den Betrachter weit weniger direktiv entgegentritt. So findet man Titelbilder mit am Betrachter vorbeischauenden, kontemplativ oder gar melancholisch anmutenden Fensterfiguren. Ihnen scheint ein Moment der Entfremdung inne zu wohnen. Durch den nachdenklichen Gestus des in der Handfläche ruhenden Kopfes, wird das rationale Kalkül, wie es etwa dem mathematischen Prinzip der Zentralprojektion inhärent ist, infrage gestellt. Visuelle Bezugspunkte für derlei Fensterfiguren fallen mit dem Anbruch der ästhetischen Moderne zusammen, die im vorliegenden Fall in Anlehnung an Silvio Vietta in die Romantik datiert wird (vgl. Vietta 1992, Vietta/Kemper 1997).

Bilder können über Figurationen verfügen, die den Betrachter adressieren, ihn dadurch zum Bild positionieren oder ihn bisweilen sogar hineinführen. Zur Veranschaulichung eines mit der Moderne einsetzenden Entfremdungsgefühls bespreche ich zwei solcher Figurationen: Es handelt sich um die Rücken- und die Reflexionsfigur. Die Fokussierung auf diese beiden Figuren hängt damit zusammen, dass sie in der gegenwärtigen Pandemie bildjournalistisch beansprucht werden. Um also zu einer fundierten Analyse der Corona-Fensterbilder zu gelangen, müssen zunächst überhaupt die rezeptionsästhetischen Prämissen geklärt werden.

Während Rückenfiguren in das Bild leiten und auf eine affektive Anteilnahme oder – man denke an C. D. Friedrich – sogar auf eine Verschmelzung von Mensch und Natur zielen, findet man in der Romantik, wie Wolfgang Kemp in seinen rezeptionsästhetischen Studien gezeigt hat, auch dem Betrachter zugewandte Reflexionsfiguren (vgl. Kemp 1983). Mehr noch: Bei Théodore Géricaults „Floß der Medusa" (1819), kommt es sogar zu einem Nebeneinander beider Figuren (vgl. ebd.). Während Géricault auf dem besagten Floß, das Schiffbrüchige transportiert, links im Vordergrund eine „Reflexionsfigur" (Kemp 1983, S. 111) platziert hat, zeigt er gleichzeitig rechts im Bild Rückenfiguren (vgl. Abb. 4). Bei eingehender Betrachtung erweist sich das Nebeneinander dieser Rezeptionsfiguren als Leerstelle. Diese Leerstelle lässt sich im Sinne eines dialektischen Ursache-Wirkungs-Verhältnisses formal und inhaltlich aufeinander beziehen.⁹ Während die Frontalität der Reflexionsfigur den Betrachter geradezu auffordert, das vorliegende Schiffsunglück mit allen Konsequenzen zu rekapitulieren, treten die Rückenfiguren formal und inhaltlich in Opposition zu ihr. Sie wenden dem zurückliegenden Geschehen aufgeregt den Rücken zu und streben einem, am Horizont erscheinenden Rettungsschiff entgegen. Vergangenheit – Gegenwart – Zukunft bzw. Seenot – Schiffbruch – Rettung erscheinen hier als dialektisch aufeinander bezogene Entitäten. Darüber hinaus erzeugt ausgerechnet der ins Bild gesetzte Akt des Reflektierens in dieser hoch dramatischen Bildszenerie eine Irritation, die sich zuletzt nicht auflösen lässt, sondern in einem Gefühl der Entfremdung mündet.

Reflexionsfiguren in der Géricault'schen Manier begegnen uns auch in der Pandemie. Die Posen dieser Reflexionsfiguren erinnern hier wie dort an Albrecht Dürers berühmten Stich „Melancolia I" (1514) (vgl. Stöhr 2018, S. 45). Die Bilder erhalten aber durch den jeweiligen Kontext eine krisenhaft-

Abb. 4: Théodore Géricault: „Das Floß der Medusa" (1819; farbige Hervorhebung der besprochenen Rezeptionsfiguren)

---

9   Zur Problemgeschichte der Leerstelle und ihrer Begrenzung auf ein dialektisches Ursache-Wirkungs-Verhältnis vgl. Schneider 2019, S. 92ff.

existenzielle Evidenz – im Fall von Géricaults Historienbild ist es der Schiffsbruch und im Fall der Titelbilder ist es das latente Virus. Bei den Corona-Bildern kommt hinzu, dass die Aufmerksamkeit, bedingt durch die flache Raumschicht des Fensterbildes, jeweils bei den Fensterfiguren selbst stehen bleibt; eine Dialektik wie bei Géricault fehlt. Der Rezeptionsvorgang verharrt weitgehend beim Akt des Reflektierens. Der Appell an den Rezipierenden lautet im weiteren Sinne dann Selbstbesinnung. Wo sich in Gericaults Bild durch die Rückenfiguren eine Identifikationsfläche auftut, die in der Hoffnung kulminiert, die durch den Schiffbruch eingetretenen Krise zu überwinden, wird weiter unten, im Fall der Corona-Pandemie, zu fragen sein, ob und inwieweit sich ein solcher Hoffnungsschimmer visuell abzeichnet.[10]

Eine zusätzliche visuelle Referenz, die das durch die Pandemie verursachte Gefühl der Isolation und Einsamkeit thematisiert und jüngst in Form sogenannter ‚Memes' viral ging, ist Edward Hoppers „Nighthawks" (1942).[11] Das zentrale Motiv im Hopper-Bild formt ein um die Ecke biegendes Langfenster eines *American Diners*. Der Betrachter befindet sich auf dem Gehsteig, der um den *Diner* herumführt. Von dort aus blickt er auf einen parallel zum Fenster verlaufenden Tresen. An ihm sitzen zu nächtlicher Stunde ein Mann und ein Pärchen. Ein hinter der Theke stehende Kellner ist geschäftig nach vorn gebeugt – möglicherweise ist er mit Aufräumen beschäftigt. Bei Hopper liegt – wie bei den meisten der zu besprechenden Titelbilder – eine urbane Raumstruktur vor, in welcher sich der Betrachter einer Fensterszene gegenübersieht. Die Besonderheit bei Hoppers *Diner*-Fenster besteht darin, dass die Figuren hinter dem Fenster weder Konversationspartner noch Reflexionsfigur sind; dem Betrachter wird hier die Rolle des unwissenden Flaneurs zugewiesen, wobei die Grenzen zum Voyeur fließend sind. In der Folge stellt sich das in der Moderne weit verbreitete Gefühl des Allein-Seins ein. Wie

---

10 Zu der beschriebenen Dialektik zwischen Reflexions- und Rückenfigur bei Géricault vgl. auch Stöhr 2018, S. 46.
11 Zu Kunst-Memes in Zeiten der Pandemie vgl. Lübben 2020 sowie Teil III. 3.2.1 in dieser Arbeit; zur rezeptionsästhetischen Besprechung von „Nighthawks" vgl. außerdem Schneider 2019.

sich diese Gefühlslage gerade in der Pandemie wiederholt, ist Gegentand der nachstehenden Titelbild-Analysen.

3 Titelbilder als Fenster in und auf die Corona-Pandemie

Auf Basis der motivgeschichtlichen und vor allem auch rezeptionsästhetischen Vorbemerkungen ergeben sich fünf Kategorien, auf die sich die sieben zur Analyse stehenden Titelbilder verteilen. Die folgende alphabetische Liste gibt die Kategorien sowie die ihnen zugeteilten Nachrichtenmagazine wieder:

a. Kontemplativ-romantische Fensterblicke: *Frankfurter Allgemeine Woche* (kurz: *F.A.Z. Woche*, 17.04.2020), *stern* (26.03.2020)
b. Klaustrophobische Fensterblicke: *TIME* (27.04./04.05.2020), *Marianne* (24.04.2020)
c. Interagierende Fensterblicke: *The New Yorker* (27.04.2020)
   c.1 Das apparative Fenster: *The New Yorker* (06.04.2020)
d. Oppositionelle (Fenster-)Blicke: *L'Espresso* (10.05.2020)
e. Der ungewisse Fensterblick: *Polityka* (22.04.2020)

Wie zu sehen ist, orientiert sich die Reihenfolge der Kategorien am Erscheinungsdatum. Zwei Sonderfälle innerhalb dieser Liste, die gleichsam eine Abweichung von der chronologischen Ordnung bedeuten, ergeben sich mit Blick auf das ‚apparative Fenster' und den ‚ungewissen Fensterblicks'. Ersteres ist eine Sonderform des ‚interagierenden Fensterblicks' und wird diesem untergeordnet. Letzteres ist der rare Blick vom Hausinneren auf das Fenster. Dieser Innenblick findet sich auf dem Nachrichtenmagazin *Polytika* und wird ganz am Schluss besprochen. Zum Vorgehen sei außerdem angemerkt, dass sich die Analysen zunächst deskriptiv dem Bild annähern und dann in eine rezeptionsästhetische Erschließung übergehen. Dazu greift die Analyse auch die Titelschlagzeile auf und geht darauf ein, ob sich diese inhaltlich ‚redundant', ‚komplementär' oder ‚divergent' zum Bild verhält (vgl. Muckenhaupt 1986, S. 204).

3.1 Kontemplativ-romantische Fensterblicke

Sowohl der *stern* als auch die *F.A.Z. Woche* haben im Rahmen der Corona-Nachrichten eine Reflexionsfigur auf ihrer Titelseite platziert; sie lassen sich entsprechend dem Stichwort ‚kontemplativ-romantisch' zuordnen. Die nähere Besprechung der Seiten erfolgt chronologisch, wobei ein komparativer Blick auf die beiden Reflexionsfiguren im Nachgang beide Cover zueinander ins Verhältnis setzt.

Das *stern*-Cover zeigt eine nächtliche, fotografisch festgehaltene Fenstersituation. Das Fenster ist in zwei Richtungen geöffnet: Die Fensterläden sind nach außen geklappt, während die Doppelflügelfenster nach innen stehen. Durch das barocke Fenstergewände mit Ohren und dem auf Konsolen liegenden Fenstersims entsteht ein hoheitlicher Eindruck. Am Fenster selbst befindet sich eine junge, dunkelhaarige Frau. Sie trägt einen Wollpullover mit Zopfmuster und hat den Kopf auf den Arm gestützt. Vom Betrachter aus gesehen blickt sie – von entzündeten, weißen Stumpenkerzen flankiert – nach rechts

Abb. 5: *stern*: „Was macht Corona mit unserer Seele?"

in die Nacht.[12] Es bleibt unbestimmt, wohin sie in dieser Dunkelheit blickt. Diese Unbestimmtheit lässt gleichzeitig auch offen, ob sie überhaupt irgendwo hinblickt oder an etwas Abwesendes denkt. Interessanterweise wirkt ihr Blick, ungeachtet dieser Fragen, wach und neugierig.

Die als Frage formulierte Titelschlagzeile „Was macht Corona mit unserer Seele?" verortet das Bild dann zwar im Kontext der Pandemie, bleibt jedoch gleichermaßen offen. Bild und Text sind also aufgrund ihrer Unbestimmtheit redundant. Nichtsdestoweniger lässt sich die Blickrichtung des Mädchens wenigstens aus gestaltpsychologischer Sicht konkretisieren: Aufgrund der rechtsgerichteten Kopfbewegung lässt sich ein teleologischer, also auf die Zukunft gerichteter Impetus unterstellen. Denn das Zeitempfinden der westlichen Menschen wird auf einer Links-Rechts-Achse vorgestellt. Dies hat mit der Leserichtung zu tun. Die Bewegung nach rechts impliziert gleichsam eine Bewegung hin zu einem späteren, zukünftigen Zeitpunkt (vgl. Casasanto 2014, 262ff.). Ferner lässt sich konstatieren, dass sich Bild und Text auf der Ebene der Unbestimmtheit zwar annähern, die Rede vom Seelischen gleichzeitig aber eine Divergenz zwischen Bild und Text erzeugt. Dem nächtlichen Bild wird durch den Text ein metaphysischer Unterton einverleibt, der auf der Ebene einer im Kerzenlicht beschienenen Fensterszene nachvollziehbar ist, nicht aber auf der Ebene einer wachen und von Neugier erfüllten Mimik.

---

12 In dem etwas später erschienen *stern*-Sonderheft mit dem Titel „Corona. Die Bilder der Krise" findet man dieses Titelbild im Editorial (S. 3) wieder. Hierbei kontextualisiert ein Text das Bild: Die Fotoaufnahme wird auf den 15.03.2020 datiert und als Aufnahmeort wird Mailand als eine besonders von der Pandemie betroffener Ort angegeben.

Abb. 6: *Frankfurter Allgemeine WOCHE: „Ausgang gesucht"*

Die Titelseite der *F.A.Z. Woche* liegt als grafische Illustration vor. Hinter dem mit Backsteinen eingefassten Fenster sitzt Angela Merkel. Ihren Kopf stützt sie gedankenversunken auf die faustartig gefaltete Hand. In häuslicher Isolation sitzend scheint sie über die Krisensituation der Nation nachzusinnen: Die Spiegelung der Regierungsgebäude auf der geschlossenen Fensterscheibe wirken wie Gedankenblasen. Obschon Merkel entsprechend der vom Bund verhängten Kontaktsperre isoliert zu Hause zu sitzen scheint, sieht man sie nicht als Privatperson. Sie trägt Blazer und Halskette; also Kleidungsstücke wie sie aus öffentlichen Auftritten der Bundeskanzlerin bekannt sind. Der Bildtypus des oben erwähnten ‚Erscheinungsfensters' wird gewissermaßen *ad absurdum* geführt: Anstatt kraft ihres politischen Amtes aufzutreten, erscheint sie dem Rezipienten als eine nachdenkliche Figur. Auf der Glasfläche spiegeln sich die Regierungsgebäude und damit auch Merkels Handlungsfeld. Während fernerhin zwei Blaumeisen gemeinsam auf dem äußeren Fenstersims sitzen und sich zweisam in Freiheit wähnen, scheint die Kanzlerin genau über diese

Freiheit nachzudenken. Die Headline „Ausgang gesucht. Der lange Weg aus der Krise" scheint den Gedanken der Kanzlerin zu entsprechen. Es geht darum, das Kontaktverbot zugunsten des existenziellen sowie wirtschaftlichen Wohls wieder zu lockern. Aus rezeptionsästhetischer Sicht liegt auf diesem Titelblatt eine ausgeklügelte Leerstelle vor, die sich formal aus dem Gegensatz von Bildvorder- und Bildhintergrund ergibt und sich inhaltlich als ‚Freiheit der Vögel' versus ‚Eingeschlossen-Sein der Bundeskanzlerin' ausbuchstabiert.[13] Die Synthese hieraus findet der Rezipient dann im Bildmittelgrund: auf der Fensterscheibe mit der Headline: „AUSGANG GESUCHT". Damit ergänzen sich Bild und Text gegenseitig.

Insgesamt liegen aus rezeptionsästhetischer Sicht zwar in beiden Fällen Reflexionsfiguren vor, doch die Betrachterrolle ist je unterschiedlich. Die Fensterschau beim *stern* wurde aus der Untersicht fotografiert und versetzt den Betrachter in eine voyeuristische Position. Dem Voyeur wird keine Leerstelle angeboten, die ihn aktiv in die Bildsituation involviert. Er bleibt wortwörtlich im Dunkeln darüber, wohin die nächtlichen Gedanken der jungen Frau gehen. Im Unterschied dazu begegnet man Angela Merkel beinahe auf Augenhöhe, gleichwohl der Blickkontakt ausbleibt. Die Leerstellendialektik um die eingeschlossene Kanzlerin und die frei umherfliegenden Blaumeisen involviert den Rezipienten aktiv in das Dargestellte. Die Antithetik, die sich aus dem Zustand von Einschlossen-Sein versus Vogelfreiheit ergibt, mündet auf der Fensterscheibe, die die Worte „Der lange Weg aus der Krise" zieren. Der Betrachter wird aktiv in den Denkprozess der Kanzlerin einbezogen.

3.2 Klaustrophobischer Fensterblick

Die Titelseite der amerikanischen *TIME* sowie der französischen *Marianne* behandeln die im Zuge der Pandemie verhängte Ausgangssperre. Beiden Titeln ist gemein, dass sich die dargestellte Fensteröffnung als ‚klaustrophobisch'

---

13 Derselben antithetischen Gegenüberstellung einer am Fenster festgesetzten Frauenfigur und sich frei bewegender Vögel bedient sich *The New Yorker* auf der Titelseite vom 11. Mai 2020. Im Unterschied zur F.A.Z. Woche ist bei *The New Yorker* das Fenster bereits geöffnet und die Frau beugt sich nach frischer Luft schnappend aus dem Fenster; dieses Bild wird auf dem zusammenfassenden Schaubild am Ende der Bildanalysen wiedergegeben (vgl. Abb. 15).

Abb. 7: *TIME:* „Finding Hope"

charakterisieren lässt. Wodurch dieses Gefühl der Enge visuell entsteht soll im Folgenden beleuchtet werden. Von einer komparativen Zusammenführung wird hierbei abgesehen, da die Magazincover bildsprachlich ausgesprochen verschieden sind – dazu unten mehr.

Das *TIME*-Cover zeigt eine morgendliche Straße in Paris aus der Vogelperspektive.[14] Es dämmert bereits und die Straßenlaternen – eine davon ist am oberen Bildrand auch sichtbar – beleuchten die Szenerie. Die Straße mit Gehsteig ist schmal und vermutlich nur einseitig befahrbar. Der Straßenverlauf wurde diagonal ins Bild gesetzt: Die Straße verläuft von der rechten unteren Bildecke schräg nach links bis zur Straßenecke, wo sie dann in eine Kurve mündet und nach rechts abbiegt. Die Straße verjüngt sich zur Kurve hin und nimmt ungefähr zwei Drittel der ganzen Seite ein. Etwas unter dem geome-

---

14 Das Titelcover wurde vom Street Artist JR inszeniert. Ein Making-Of findet man unter: https://time.com/jr-cover; hieraus ergeben sich wesentliche Informationen zum Entstehungsprozess des Covers – etwa die Tageszeit und der Ort, an dem das Foto aufgenommen wurde. [letzter Zugriff: 23.05.2020]

trischen Zentrum sieht man einen Zebrastreifen. Es handelt sich jedoch um keinen gewöhnlichen Zebrastreifen, sondern um ein Paste-Up. Der Künstler JR hat die Zebrastreifen, so scheint es auf den ersten Blick, zu beweglichen Lamellen einer Jalousie transformiert. Erst bei eingehender Betrachtung des in Schwarz-Weiß angelegten Paste-Ups erkennt man, dass es keine Lamellen sondern zwei gestreifte Stoffstücke sein müssen, die so auseinandergeschoben werden, dass ein Guckloch entsteht. Durch die entstandene Lücke tritt dann ein weit aufgerissenes Auge hervor. Es lugt in den morgendlichen Himmel. Eine Fußgängerin bewegt sich mit Mundschutz und Handtasche auf dem Gehweg in Richtung der unteren rechten Bildecke. Sie passiert im Moment der Fotoaufnahme unmittelbar das auf der Fahrbahn angebrachte Street-Art-Werk ohne davon Notiz zu nehmen. Die Leere und Einsamkeit, die dieses Bild ausstrahlt erinnert unweigerlich an Edward Hoppers „Nighthawks", in dem die urbane Raumstruktur eine ähnlich befremdliche bzw. entfremdenden Distanz in sich birgt.

Die Bildbeschreibung macht deutlich: Hier liegt eine Bild-im-Bild-Konstellation vor, die nach dem Prinzip der Fotomontage funktioniert, ohne realiter eine solche zu sein. Die perspektivische Anlage und die Schwarz-Weiß-Skala des Paste-Ups heben sich geradezu surreal von der urbanen Umgebung ab. Der fingierte Zebrastreifen erscheint als ein fiktiver Fensterausblick, der wiederum in einem Fensterausblick erscheint – nämlich dem, aus dem das Titelbild mutmaßlich fotografiert wurde.

Die engen, bisweilen auseinandergeschobenen weißen Streifen wecken Assoziationen an Gitterstäbe in einem Gefängnis. Das Paste-Up erzeugt – unterstützt durch die schmale Straße – ein Gefühl der Enge und des Eingesperrtseins. Ausgehend von dem vom Titelbild implizierten Standpunkt eines am Fenster stehenden Betrachters erscheint das Paste-Up geradezu als ein Angst- und Spiegelbild. Vor diesem Hintergrund erzeugt dann die Headline „Finding Hope" [dt. „Hoffnung finden"] eine Irritation. Der Zebrastreifen spitzt die durch das Virus verursachte Immobilität und die häusliche Isolation bildhaft zu; Aussicht auf Hoffnung strahlt dieses Titelblatt wenig aus. Berücksichtigt man schließlich die Tatsache, dass die Headline rechtsbündig auf der Seite angebracht ist und sich unmittelbar über der vorbeiflanierenden Passantin befindet, lässt sich diese Irritation wiederum relativieren. *Flaneuse* wie auch

Headline befinden sich in der Peripherie des Bildes und werden, im Vergleich zum Paste-Up, erst auf den zweiten Blick beachtet. Beide scheinen sowohl formal als auch inhaltlich zusammenzugehören. Sie, die sie sich frei auf der Straße fortbewegt, bildet einen Gegenentwurf zu der immobilen Figur des Paste-Ups und lässt sich im Sinne der Headline als Hoffnungsträgerin deuten.

Im Unterschied zu den bisher besprochenen Titelseiten setzt sich das Cover beim französischen Nachrichtenmagazine *Marianne* aus mehreren Einzelbildern zusammen. Es zeigt ein Hauptmotiv in der Mitte und drei Einzelbilder am unteren Rand. Für unserer Betrachtungen genügt in diesem Fall ein Blick auf das rechte am unteren Rand befindliche Fensterfoto. Das Foto zeigt ein nach innen geöffnetes Doppelflügelfenster. Die Fensterläden sind jeweils rechts und links zur Seite gefaltet und am Fenster selbst steht links eine Frau mit Sonnenbrille. Sie hält ein Sektglas in der erhobenen Hand. Neben ihr befindet sich ein Mann. Er hat im Unterschied zu ihr das Sektglas bereits zum Mund geführt und trinkt. Es handelt sich vermutlich um ein Pärchen. Beide sind fortgeschrittenen Alters. Auf dem vor ihnen liegenden Fenstersims steht ganz links die halbvolle Sektflasche. Mittig vor dem Paar, ebenfalls auf dem Gesims, sitzt ein Schoßhund. Die von links strahlende Sonne beleuchtet die Fensterszene. Das Innere der Wohnung ist weitgehend dunkel; es tritt nicht weiter in Erscheinung.

Abb. 8: *Marianne*: „Qui va payer?"   Abb. 9: Detail aus Abb. 8

Das durch die Kontaktbeschränkung zu Hause festgesetzte Paar mit Hund inszeniert sich im Sonnenlicht. Die Vereinnahmung des an der Schwelle zur Öffentlichkeit befindlichen Simses erscheint durch die Ausgangsbeschränkung motiviert zu sein. Das Bild selbst bleibt schillernd. Es ist unklar, ob sich hier eine Interaktion zu anderen am Fenster stehenden Nachbarn anbahnt, wie es der nächste Gliederungspunkt behandelt, oder ob die Ausweitung des privaten Raums nach außen lediglich eine Kompensation der im häuslichen Inneren verspürten Klaustrophobie ist. Der dem Bild beigegebene Titel „Confinement. Cauchemar chez les ultrariches" [dt. „Beschränkung. Albtraum unter den Superreichen"] gibt zwar ergänzende Hinweise zur gesellschaftlichen Stellung des Paares; er lässt aber weiterhin unbestimmt, in welcher Beziehung die beiden zum Betrachter stehen. Das Bild weckt zweierlei Assoziationen: Man könnte sich aufgrund der Tatsache, dass das Bild auf Augenhöhe aufgenommen wurde, in der Position eines reichen Nachbarn sehen. Die im Bild und Text anklingende Dekadenz, lässt aber auch an den Blick eines Paparazzos denken; hierdurch erhält das Bild wiederum voyeuristische Züge.

3.3 Interagierende Fensterblicke

Abb. 10: *The New Yorker:* „New York's Battle Against Covid-19"

In der vorstehenden Besprechung des auf der Titelseite von *Marianne* abgebildeten Paares mit Hund deutete sich bereits eine Öffnung des privaten Raumes hin zur Straße an. Doch eine eindeutige Interaktion ist noch nicht erkennbar; sie lässt sich lediglich auf der Ebene der Betrachterfiktion unterstellen. Demgegenüber geht die Titelseite von *The New Yorker* einen Schritt weiter: Sie setzt tatsächlich miteinander interagierende Fensterblicke ins Bild. Wie dies genau aussieht, ist Gegenstand der folgenden Absätze.

Die besagte Titelseite liegt in Form einer grafischen Illustration vor. Die schwarze Farbe der Seite wird punktuell durch hellgelbe und hellbraune Farbinseln unterbrochen. Es sind insgesamt fünfzehn solcher Inseln zu sehen. Elf dieser Inseln wurden grafisch soweit konkretisiert, dass man sie als geöffnete Fenster identifizieren kann. Denn an ihnen erscheinen aus dem Fenster gebeugte Silhouetten: Es handelt sich um Einzelpersonen, Paare oder auch Familien. Doch da aus gestalterischer Sicht ein alles verbindendes Perspektivsystem fehlt, fällt es zunächst schwer, eine Ordnung innerhalb der nächtlichen

Szenerie herzustellen. Es wurden Fensterausblicke aus ganz unterschiedlichen Blickrichtungen zu einem Bild zusammengefasst. Aus kompositorischer Sicht lässt sich kein eindeutiges Bildzentrum ausmachen. Es scheint auf den ersten Blick eine All-Over-Komposition vorzuliegen, also eine Struktur, die netzartig die gesamte Bildfläche überzieht.

Erst bei intensiverer Bildlektüre lässt sich ausgehend von der Gestik der Silhouetten einen Zusammenhang erkennen. Die meisten Figuren klatschen, auch ein Trommeln mit Kochlöffel und Topf ist auszumachen. Darüber hinaus gibt es Figuren, die ein brennendes Feuerzeug in die Nacht halten oder die versuchen, mit dem Handy etwas aufzunehmen. Langsam entdeckt der aufmerksame Betrachter dann die Ursache für die beschriebenen Handlungen: Das gesammelte Interesse gilt der musizierenden Figur, die sich mittig im oberen Drittel der Seite befindet. Dort lehnt ein Mann mit Gitarre aus dem Fenster. Er hat offensichtlich ein Lied gespielt und möglicherweise dabei gesungen.

Das dargestellte Fensterkonzert dürfte neuerdings für die Mehrheit der in den westlichen Industriestaaten lebenden Menschen bekannt sein. Um die Ausbreitung der Pandemie einzudämmen, gab es weltweit Ausgangsbeschränkungen. Diese wiederum führten dazu, dass, wie im vorliegenden Fall, insbesondere in städtischen Ballungsgebieten Fensterkonzerte veranstaltet wurden. Sie ließen die Menschen entweder musizierend oder zuhörend und applaudierend an ihre Fenster treten. Selbst wenn ein solches Konzert nicht persönlich miterlebt wurde, hörte und sah man in den sozialen Netzwerken davon.

Das Besondere an diesem Titelbild ist, das sei betont, die Art und Weise, wie die Vorherrschaft des alles durch- und überblickenden Auges, welches unsere westliche Gesellschaft maßgeblich prägt, zugunsten des auditiven Sinns zurücktritt. In dieser nächtlichen Szenerie zeigt sich eine Sache besonders deutlich: Musik verbindet. von diesem Zusammenhang auch nochmal auf den eingangs gewählten Begriff der ‚Farbinsel' zurück. Er wurde absichtlich gewählt, denn für dieses Titelbild trifft das zu, was der englische Schriftsteller John Donne bereits 1624 formuliert hat: „No man is an Iland!" [sic!].[15] Es ist

....
15 Zu John Donnes Lebzeiten – sein Wirken wird zwischen 1572 und 1631 datiert – schreibt man das Wort „island" noch ohne „s". In der Folge bekommt das Wort sowie das mit ihm verbundene Vorstellungsbild eine doppelte, geradezu altruistische Bedeutung, die sich speziell im

ein Grundsatz, der auch in Corona-Zeiten Bestand hat: Niemand ist eine Insel nur für sich allein; jeder ist ein Teil des Ganzen.

Mit dieser grafischen Illustration liefert *The New Yorker* einen deutlichen Gegenpol zu den bereits besprochenen kontemplativ-melancholischen Bildfiguren. Die im Bild festgehaltenen Fensterblicke ergeben einen aus der Musik resultierenden Resonanzteppich. In ihm ist die kontemplative Distanz dem Prinzip intersubjektiven Erlebens und intersubjektiver Teilhabe gewichen.

Obschon das Titelblatt das Perspektivsystem unterwandert, bleibt aus gestalterischer Sicht dennoch das Prinzip von Nähe und Distanz erhalten: Der Grafiker setzt Fenster durch Größenunterschiede räumlich in Relation zueinander: Die Fenster, die in der Realität ungefähr gleich groß sind, werden auf der Bildebene unterschiedlich groß dargestellt. Demgemäß scheinen die kleineren Fenster, an denen mitunter auch keine Silhouette mehr zu sehen ist, weiter entfernt zu sein als die größeren.

Trotz des beschriebenen Nähe-Distanz-Verhältnisses der Fenster zueinander, zeigen die Silhouetten auf dem Cover durch ihr Verhalten, dass das Fensterkonzert bzw. die Musik eine die Menschen verbindende und einende Kraft besitzt. Selbst der Betrachter des Covers wird kraft seiner Imagination zum Zuhörer. Dieses Miteinander bestätigt auch der Bildtitel, der im Heftinneren zu finden ist und „A Chorus of Thanks"[16] [dt. „Ein Chor des Dankes"] lautet. Eine Headline direkt auf dem Titelbild – das sei abschließend ergänzt – gibt es nicht.

Kontext der Corona-Krise im Sinne eines Credos erneuern lässt: „*No man is an Iland*" bedeutet in dieser alten Schreibweise auch „Kein Mensch ist ein Ich-Land" (vgl. Hildebrandt 1975, o.A.).

16 Den Titel des Covers findet man auf der Heftinnenseite; er ist im dort zu findenden Inhaltsverzeichnis aufgeführt.

3.3.1 Das apparative Fenster

Abb. 11: Detail aus Abb. 10

Obgleich sich das Moment des Interagierens beim Fensterkonzert noch auf das architektonische Fenster bezogen hat, erschien im Titelbild selbst eine weitere Fensterform: das Smartphone. Das virtuelle Smartphone-Fenster folgt somit einer Reihe verwandter sogenannter „apparativer Fenster in die Welt"; gemeint sind das Kino[17] und der Fernseher.[18] Die Rolle des Smartphones als ein kommunikativ-interaktives Medium, welches das raum-zeitliche Kontinuum auflöst und abwesende Rezipienten beispielsweise via Instagram am Fensterkonzert teilhaben lässt, schien im vorstehenden Fensterkonzert also bereits implizit auf (vgl. Abb. 11). Die Rolle und Bedeutung des Smartphones in Zeiten der Pandemie soll nach einer kurzen Beschreibung des dazu relevanten Titelblattes von *The New Yorker* genauer besprochen werden.

Die nebenstehende als grafische Illustration gestaltete Titelseite zeigt links im Vordergrund eine im Krankenhaus arbeitende Frau. Ihre schwarzen lockigen Haare werden fast gänzlich von einer Haube verdeckt. Sie trägt außerdem

---

17 Es wird hier nicht weiter zwischen Filmprojektor und Filmleinwand differenziert, sondern zusammenfassend vom ‚Kino' gesprochen, da dieses selbst nicht weiter im Mittelpunkt der Betrachtungen steht.

18 Die Rede vom ‚Fenster zur Welt' in Bezug auf apparative Fensterformen ist weit verbreitet: vgl. u.a. Bazin 2004, S. 198 sowie Rasche 2003, S. 235.

eine Schutzmaske und medizinische Handschuhe. Man sieht sie in einer Dreiviertelansicht von hinten, wobei sie dem Betrachter den Blick auf ihr Smartphone-Display, das sie in ihrer linken Hand hält freigibt. Hierauf sieht man zwei Kinder, die gerade von einer männlichen Figur – vermutlich dem Vater oder Großvater – ins Bett gebracht werden. Es scheint sich um einen Videoanruf zu handeln. Die benannten Figuren winken einander zu. Neben diesem im Bildvordergrund stattfindenden Videoanruf zeigt die Titelseite im Mittel- und Hintergrund einen Krankenhausflur. Hier herrscht der Ausnahmezustand. In dem zentralperspektivisch zulaufenden Korridor sieht man, wie Pfleger und Ärzte die in Betten befindlichen Patienten versorgen. Ganz hinten, auf Höhe des Fluchtpunktes – ist eine Art Rezeptionsschalter zu erkennen, vor dem sich ein Rollstuhlfahrer befindet.

Die Farben im Bild sind überwiegend in Blautönen gehalten. Dies strahlt Sterilität aus. Einen Kontrast hierzu bilden die warmen Rottöne des rechteckigen Smartphone-Displays. Da die Figuren auf dem Display außerdem die einzigen frontal dargestellten Bildfiguren sind, schlüpft man als Betrachter automatisch in die Position der Handybesitzerin. Die Farbwerte des Covers

Abb. 12: *The New Yorker:* „The Health Issue"

evozieren insgesamt einen kühlen und wenig einladenden Anmutungswert. Spätestens wenn man sich der Situation im Krankenhausflur gewahr geworden ist, wünscht man sich tendenziell auf die sichere und behütete Seite der zu Hause im Bett liegenden Kinder.

Weitet man ausgehend von diesem Titelbild das weitere Blickfeld, lassen sich einige allgemeine Beobachtungen zu der auf dem Titelblatt gezeigten Kommunikationsweise im Rahmen der Pandemie anschließen. Durch die im Zuge von COVID-19 verhängte Kontaktsperre, das verdeutlicht dieses Cover sehr eindringlich, verlagerte sich das soziale Leben und Miteinander maßgeblich in den virtuellen Raum. Aus der Sorge, dass in der Folge das Internet kollabieren könnte, da damit automatisch die Beanspruchung virtueller Kommunikations- und Freizeitgestaltungsmöglichkeiten zunahm, drosselte beispielsweise Netflix und YouTube auf Drängen der EU-Kommissionen ihre Übertragungs- und damit Bildqualität (vgl. Scheck 2020, o.A.).

Zusammenfassend lässt sich in Bezug auf das Smartphone das erneuern, was Stefan Rasche in seinen motivischen Studien zum Fenster in der Kunst nach 1945 bereits für den Fernseher formuliert hat: Virtuelle Bildübertragungen verkehren Nähe und Distanz (vgl. Rasche 2003, S. 236). Genau wie der Fernseher erzeugt auch das Smartphone „eine fiktive Gegenwart dessen, was sich an irgendeinem Schauplatz (…) ereignet, ja bereits ereignet hat." (ebd.)

3.4 Oppositionelle (Fenster-)Blicke

Zurück zum realen, architektonischen Fenster: Im Fall von *Marianne* und *The New Yorker* konnte man beobachten, wie sich die Grenze zwischen privatem und öffentlichem Raum in Bezug auf die Fensterschwelle tendenziell auflöst. Die Figuren auf den Titelseiten der beiden Magazine haben die herkömmliche Rahmenschau, die bislang als geschlossene Form eine klare Übersichtlichkeit bot, überschritten. Insbesondere im Fall von *The New Yorker* kann kraft der Musik die Schwelle zwischen Privatheit und Öffentlichkeit zugunsten eines intersubjektiven Klangraums nivelliert werden – ganz im Sinne des bereits angesprochenen Leitsatzes „No man is an Iland" [sic!][19]. Das italienische Magazin *L'Espresso* geht sogar noch einen Schritt weiter: Die Passivität der weiblichen

---

19 Vgl. Anm. 15.

Abb. 13: *L'Espresso*: „Ripartenza (sostantivo femminile)"

Reflexionsfiguren, die uns bislang begegnet sind, wird nicht nur aufgelöst; sie wird sogar durch eine weibliche Rückenfigur ersetzt, die plötzlich von draußen auf das Fenster blickt. Worin der emanzipatorische Geist liegt, der uns hier zu einem Zeitpunkt begegnet, als sich die Kontaktsperren und Beschränkungen im Anschluss an die erste Corona-Welle langsam lockern, soll nach einer kurzen Bildbeschreibung genauer beleuchtet werden.

Das Cover des besagten italienischen Nachrichtenmagazins zeigt im Vordergrund ein braunhaariges Mädchen. Ihre Haare sind zu einem Schwanz geflochten und sie hat uns, wie bereits gesagt, den Rücken zugekehrt. Das bis zur Hüfte gezeigte Mädchen trägt ein warm leuchtendes gelbes T-Shirt und eine blaue Jeans. Sie hat beide ihre Hände in die Hüfte gestemmt. Die Ellbogen stehen spitz ab. Ihr Körperhaltung signalisiert eindeutige Handlungsbereitschaft. Im Kontrast zu dieser überaus dominanten Körpersprache erscheint – auf den zweiten Blick – das Haargummi mit einem Paar Hasenohren. Dieses kindlich-verspielte Detail signalisiert zwar eindeutig, dass man ein Kind vor sich hat. Die körpersprachliche Entschiedenheit wird hierdurch aber keineswegs vermindert. Wohin das Mädchen exakt blickt lässt sich in Anbetracht der leichten Untersicht, aus welcher das Foto aufgenommen wurde, nicht sagen. Im Mittelgrund sieht man Autodächer. Der Blick des Mädchens geht über diese hinweg. Sie schaut auf das gegenüberliegende Wohnhaus – es handelt sich möglicheweise um ein Mehrparteienhaus. Ihr Kopf wird von einem Balkon mit Fenster links und einem Fenster mit Wäscheleine rechts eingerahmt. In Bezug auf das rechte Fenster lässt sich ergänzen, dass hier Wäsche zum Trocknen auf der Leine aufgehängt wurde.

Verweilt der Blick noch eine kurze Weile länger bei der Leine, denkt man möglicherweise darüber nach, wer die Bewohner des Hauses bzw. der Wohnung sind. Auch könnte man sich fragen, wer die Wäscheleine bestückt hat. Es war wohl kaum das Mädchen in der Rückenansicht; aber vielleicht war es ihre Mutter. Der Gedanke an die Mutter würde in diesem Fall zumindest der traditionellen Rollenvorstellung folgen, wonach die Mutter und Hausfrau sich unter anderem um den Haushalt kümmert. Selbst wenn die Mutter nicht am Fenster erscheint, kann doch die Wäscheleine als ein Platzhalter für sie aufgefasst werden. Überhaupt lässt sich eine kultur- und motivgeschichtliche Linie mindestens ab dem ausklingenden Mittelalter verfolgen, die die Frau als Herrin des Hauses mit dem Fenster verknüpft (vgl. Jütte 2015, De Mare 1992). Vor allem in Hollands „Goldenem Zeitalter" manifestiert sich diese Geschlechterrolle dann in der Genremalerei. In ihr gilt: „Haus und Straße, Innen und Außen, rein und unrein, weiblich und männlich sollten als Kategorien aufgefasst werden, die die symbolische Ordnung innerhalb einer Kultur determinieren." (De Mare 1992, S. 76). Die benannten aufeinander bezogenen Dualismen apostrophieren die Kodifizierung von Geschlechterrollen. Dass diese noch heute unsere Bild- respektive Vorstellungswelten mindestens latent durchwirken, zeigen nicht zuletzt die bislang besprochenen Titelbilder, in denen tendenziell die Frau im Sinne der Wächterin des Hauses bzw. Hausherrin am Fenster sitzt (vgl. grundsätzlich De Mare 1992 sowie Sonntag 2006, S. 110). Eine Vorstellung, die im Titelbild der *F.A.Z. Woche* sogar – bewusst oder unbewusst – mit der im Volksmund weit verbreiteten Rede von Angela Merkel als ‚Mutter der Nation' zusammenfällt.

Wie weit der Weg schließlich in Bezug auf Emanzipation und Gleichstellung ist, wird im Rückblick auf die vorgelegten Titelseiten evident. Denn es wird noch immer bildrhetorisch mit dem Topos der passiv am Fenster situierten Frau gearbeitet, weil er allgemein verständlich zu sein scheint. Erst das Cover von *L'Espresso* liefert hier einen progressiven und subversiven Unterton: Das Bild ruft das ins Bewusstsein, was in unserer Gesellschaft – jenseits des Corona-Virus – noch krankt. Indem hier ein junges Mädchen auf der Straße steht und die Frau, die vermeintlich die Wäsche aufgehängt hat, absent ist, deutet sich eine Kritik an den patriarchalen Strukturen an – in diesem Fall Italiens. Die Rolle der Frau beim Überwinden der Krise erscheint hier existenziell. Das heranwachsende Mädchen hat die Hände angriffslustig und entschieden in die Hüfte gestemmt. Sie wird zur Hoffnungsträgerin für eine gleichberechtigte Zukunft. Diesem Impetus und dieser Leseweise des Covers folgt auch die Headline „Ripartenza (sostantivo femminile)" [dt. „Neuanfang (Substantiv, feminin)"]. Sie macht darauf aufmerksam, dass der ‚Neuanfang' im Italienischen ein Substantiv mit weiblichem Genus ist.

3.5 Zwischenfazit

Fasst man die bisherigen Beobachtungen zusammen, lässt sich aus der zeitlichen Abfolge der hier behandelten Titelbilder eine sehr eigenwillige Dramaturgie ableiten: Sitzt der Mensch zu Beginn der Pandemie im Haus bzw. am Fenster fest, strebt er im Laufe der Zeit zunehmend über die durch das Fenster gegebene Grenze hinaus bis er am Ende (der ersten Corona-Welle) schließlich vor dem Haus steht und auf das Fenster zurückblickt. Das Erkenntnispotential, das aus der beschriebenen Entwicklung resultiert, ist nicht zu unterschätzen und koinzidiert zwangsläufig mit dem transitorischen Wesen des Fensters selbst. Dass dann ausgerechnet Italien den Kristallisationspunkt des vorliegend gesichteten Bildmaterials bildet, ist aus kulturgeschichtlicher Sicht frappierend. Italien ist die Wiege neuzeitlichen Denkens: Kunst und Naturwissenschaft verbinden sich hier in Universalgenies wie Leonardo Da Vinci und markieren den Startpunkt für das neue, anthropozentrische und gleichsam rationalistische Weltbild. Nun, in Zeiten der Corona-Krise, kommen wir ausgerechnet an diesen Ausgangspunkt zurück. Mehr noch: Angesichts dieser Titelbilder gelangt man unweigerlich an den Punkt, an welchem man nach dem gesellschaftlichen *Status quo* fragt.

Bezeichnenderweise setzt man in Italien als Epizentrum der europäischen Corona-Krise den Rezipierenden nach der ersten Corona-Welle und damit nach Wochen der häuslichen Quarantäne und Isolation ein Mädchen in der Rückenansicht vor. Die kindliche Figur tritt in Opposition zu den zuvor besprochenen Fensterblicken. Sie markiert, zu einem Zeitpunkt, an dem europaweit die Beschränkungen nach der ersten Corona-Welle gelockert werden, einen vorläufigen Wendepunkt. Doch worin die Katharsis des Corona-Dramas liegt, kann zum gegenwärtigen Zeitpunkt noch nicht vorausgesagt werden. Es ist noch unbestimmt, wohin dieser Wendepunkt zielt. Die Notwendigkeit verkrustete, patriarchale Strukturen zu überwinden, ist gerade in Italien längst überfällig. Doch ob die Krise das Potential hat, hier tiefschürfende Impulse und Neuerungen durchzusetzen, bleibt abzuwarten. Ob das auf dem Cover von *L'Espresso* gezeigte Mädchen – überspitzt formuliert – in der Lage sein wird, die Rolle der am Fenster sitzenden Frau tatsächlich zu negieren oder wenigstens neu zu denken, bleibt abzuwarten.

Ungeachtet dieser spezifischen in den Gender-Diskurs überleitenden Blickrichtung lässt sich eine andere, generalisierende Einsicht aus den bisherigen Titelbild-Analysen gewinnen: Indem das Mädchen zumindest bildrhetorisch in Opposition zu der ihr zugedachten Rolle am Fenster tritt, wird die Stabilität des bisher vorherrschenden Rationalismus' infrage gestellt. Es wird auf einen Missstand aufmerksam gemacht. Dieses Moment des Infragestellens bzw. die Lokalisierung eines solchen Missstandes ist typisch für Krisensituationen und trifft auch auf andere gesellschaftliche Themenbereiche zu. Ein solcher Bereich kann, wie der nächste Abschnitt zeigen soll, auch das staatliche Gesundheitssystem sein.

3.6 Sonderfall: Der ungewisse Fensterausblick

Abb. 14: *Polityka*: „Szpitale strachu"

Das polnische Nachrichtenmagazin *Polityka* lieferte das einzige von uns gefundene Titelfoto mit einem befensterten Innenraum. Bei diesem Innenraum handelt es sich um einen zentralperspektivisch zulaufenden Korridor. An dessen Ende befindet sich ein in sechs Kompartimente gegliedertes Fenster, durch welches kühles, weißes Licht bricht. Das Licht ist so hell, dass man nicht sehen kann, was sich auf der anderen Seite befindet. Auch die Quelle des Lichts bleibt unklar. Das kühle Licht erzeugt einerseits eine Unbehaglichkeit. Andererseits bietet es dem Betrachter Orientierung im Raum. Durch den Lichteinfall wird sichtbar, dass die Wände horizontal durch zwei Farben getrennt bzw. gegliedert werden. Die Farbigkeit der Wände selbst lässt sich nicht genauer spezifizieren. Ferner kann man erkennen, dass der Boden aus annähernd quadratischen Kacheln besteht, auf deren glänzender Oberfläche sich das Licht bricht. Schließlich befindet sich am Ende des Flurs nicht nur das in Kompartimente eingeteilte Fenster, es gibt rechts und links auch je eine Tür. Sie lockern die Sogwirkung der Zentralprojektion latent auf, weil sie dem aufmerksamen Betrachter gedanklich einen Richtungswechsel in Aussicht stellen. Die Headline

„Szpitale strachu. Zapaść służby zdrowia powoduje więcej ofiar niż COVID" [dt. „Krankenhäuser der Angst. Die Misere des Gesundheitssystems verursacht mehr Opfer als Covid"] konkretisiert schließlich den abgebildeten Raum: Es handelt sich hier um einen Krankenhausflur. Das durch die beschriebene Lichtsituation entstehende unbehagliche Moment wird textuell bestätigt. Diese Unbehaglichkeit rührt vornehmlich aus dem Spiel zwischen von außen eindringendem Licht und dem Schatten im Innenraum. Felix Krämer hat diese Art der Lichtregie bereits im Kontext der Interieurmalerei des 19. Jahrhunderts besprochen. Neben dem medizinischen Interesse an der Psyche führt Krämer auch die im Zuge der Urbanisierung im 19. Jahrhundert stattgefunden Elektrifizierung des städtischen Raums als Grund für die Thematisierung dunkler Innenräume in der Malerei an (vgl. Krämer 2016, S. 116). Gleichwohl auf dieser Titelseite weder eine Malerei noch ein privates Interieur vorliegen, lassen sich Krämers Beobachtungen m.E. auf den fotografierten Krankenhausflur übertragen. Denn er schlussfolgert in seinen Ausführungen, dass das uralte Gegensatzpaar von äußerer Dunkelheit und beleuchtetem, behaglichem Heim im 19. Jahrhundert aufgrund der besagten Fortschritte in Medizin und Technik vertauscht worden sei. Denn es finden sich seit dieser Zeit, so Krämer weiter, zusehends Interieurs, in denen die nach außen in die Dunkelheit projizierten Ängste auf einmal im Innenraum thematisch würden und infolgedessen das Heim unheimlich machten (vgl. Krämer 2016, S. 116).

Das von Krämer beschriebene Unbehagen lässt sich auf das polnische Cover beziehen und ist in diesem Fall eine Ungewissheit, die bildrhetorisch mit der Blendung des rationalistischen Systems der Zentralprojektion zusammenfällt. Der Fluchtpunkt des Bildes scheint sich im gleißenden Licht, das durch das Fenster bricht, aufzulösen, während der sogenannte ‚ideale Betrachter' statisch auf der dunklen Seite des Korridors feststeckt. Ein wohliges Gefühl mag sich um keinen Preis einstellen. Es ist auch keine Rezeptionsfigur im engeren Sinne zu finden, welche die in der Titelschlagzeile angesprochene Misere personifiziert. Vielmehr institutionalisiert das Bild das Angstgefühl und lokalisiert die Ursache textuell im polnischen Gesundheitssystem. Ein Ausweg aus dem Dilemma und gleichsam aus dem Kalkül der Zentralprojektion wird zwar visuell in den Türen vorgestellt. Ob die Türen aber realiter einen Ausweg bieten, bleibt in Anbetracht der Gegenwärtigkeit der Krise ungewiss.

3.7 Zusammenschau: Fensterdeutungen und -bedeutungen

Insgesamt lässt sich das Fenster als Bildtopos nicht einseitig auf eine einzige Botschaft festlegen. Stattdessen, das haben die Analysen zutage gefördert, stellt es eine Denkfigur vor, die zwischen Kontemplation und Ungewissheit bzw. Klaustrophobie und Interaktion changiert.

Ein Versuch, die vorliegenden Ergebnisse zur *Visuellen Kommunikation* in Zeiten der Pandemie mit Blick auf die Fenster-Bilder zu ordnen, soll mithilfe eines kreisförmig angelegten Koordinatennetzes unternommen werden. Die Kreisform weist eine ausreichend hohe Flexibilität auf. Sie vermag deutlich zu machen, dass das Fenster *per se* eine transitorische Symbolform ist. Dementsprechend bleiben auch die (Be-)Deutungsweisen zwangsläufig übergangshaft, weshalb ich auch von keiner Bedeutungsevidenz ausgehe, sondern von einem Bedeutungskontinuum.

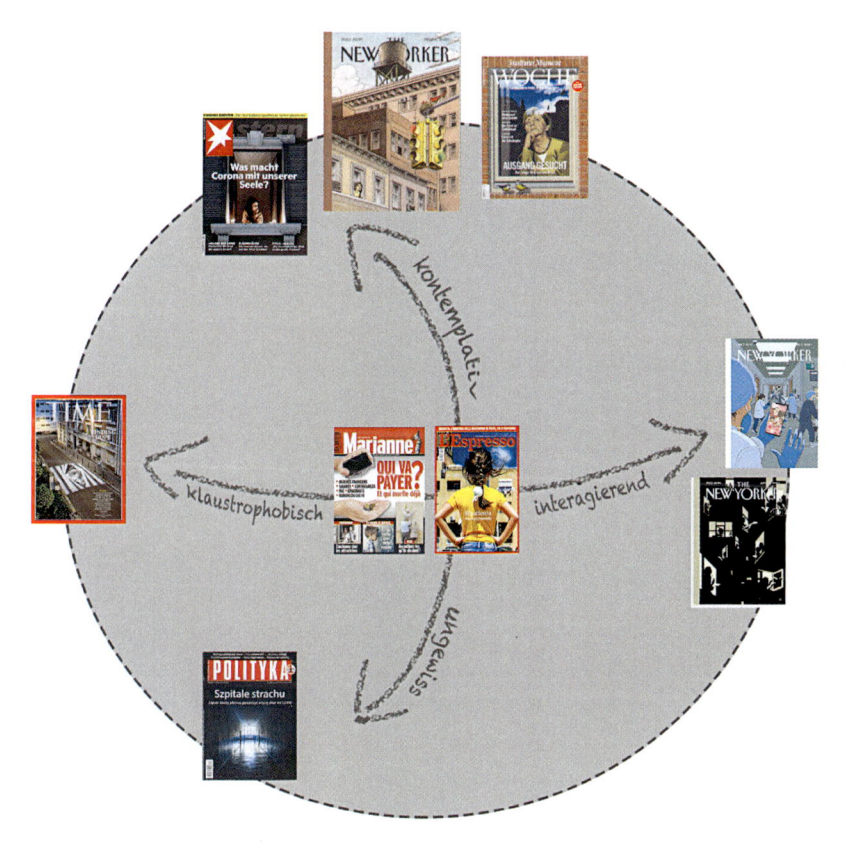

Abb. 15: Fensterbilder und ihre Bedeutungen als Kontinuum

4 Fazit: Die Pandemie zwischen Mobilitätsgebaren und Utopie

Die hier herausgearbeiteten Leitgedanken und Betrachtungskriterien bei der visuellen Berichterstattung sind zugegebenermaßen vorläufig und ausschnitthaft. Es gibt weitere Motivgruppen, die die Berichterstattung im Laufe der Pandemie geprägt haben. Die Einführung (Teil I) hat diese ja auch bereits angerissen. Es ließen sich im Rückblick auf die Pandemie sicherlich auch noch

Umakzentuierungen vornehmen. Da aber nicht die Evidenz, sondern die Latenz der vom Corona-Virus herbeigeführten Krisensituation im Mittelpunkt meiner Betrachtungen steht, möchte ich es bewusst bei dieser Vorläufigkeit belassen. Denn diese korrespondiert gleichzeitig mit dem transitorischen Wesen des Fensters. Insgesamt haben die vorstehenden Bild-Analysen offengelegt, dass die ephemere Wesenhaftigkeit des Fensters eine Bildformel liefert, die die Latenz des Corona-Virus soweit zu konkretisieren vermag, dass ein öffentlicher Diskurs über gesellschaftliche Prozesse und Problemstellungen möglich wird.

Man kann anhand der vorliegenden Bildbeispiele mitverfolgen, dass eine Vielzahl der Fenster-Bilder zwischen Mobilität und Stillstand oszillieren. Beispielsweise treffen auf dem *TIME*-Cover eine einsame Flaneuse und ein immobiles Auge aufeinander. Ergänzend hierzu kontrastieren die Cover der *F.A.Z. Woche* und von *The New Yorker* einmal den hinter dem Fenster sitzenden Mensch mit einem sich frei bewegenden Vogel. Was die hinter dem Fenster festgesetzte Menschen veranschaulichen, ist die für uns alle deutlich spürbar gewordene Bremsbewegung. Egal ob Ausgangsbeschränkungen, Reise- und Beherbungsverbote oder Sperrstunden in der Gastronomie, die Menschen wurden in ihrer Bewegungsfreiheit deutlich eingeschränkt. Diese Einschränkungen haben ein allgemeines Unbehagen ausgelöst. Mehr noch: Bei manchen haben diese Restriktionen sogar das Gefühl geweckt, dass die persönliche Freiheit zu stark beschnitten sei. Schließlich hat die fortschreitende Moderne die Globalisierung unaufhaltsam gemacht und einen Pluralismus an Möglichkeitsräumen eröffnet, der plötzlich verschlossen zu sein scheint. Globalisierung bezogen auf die Selbstermächtigung des Individuums bedeutet heute, über Ländergrenzen hinaus zu kommunizieren und vor allem auch zu konsumieren ohne sich die damit einhergehenden ethischen und ökologischen Konsequenzen in Gänze bewusst zu machen bzw. teilweise auch machen zu können. Dieser Prozess einer immer rascher werdenden Mobilisierung hat bereits 1989 den Philosophen Peter Sloterdijk dazu veranlasst von einem „Sein-zur-Bewegung" (Sloterdijk 2016, S. 37) zu sprechen. Die Pandemie hat den Expansionsgeist und den immer hektischeren, vor allem ökonomisch angetriebenen Weltverbrauch jedoch überaus abrupt gebremst. Es kann hier tatsächlich nur von einer Bremsbewegung die Rede sein. Denn Mobilität bedeutet heute, in Zeiten der Pandemie, auch Virtualität. So hat die Krise gleichzeitig neue ökonomische Potentiale erschlossen, was inmitten der pandemischen Krise zunächst überhaupt nicht weiter ins Auge sticht. Gemeint ist die gegenwärtig expandierende Palette an Telekommunikations- und Medienangebote. Sie forcieren – mehr als zuvor – eine Virtualisierung unserer Alltagsorganisation. Dies verdeutlicht schließlich auch jenes Cover von *The New Yorker*, das oben unter der Überschrift ‚Das apparative Fenster' besprochen wurde. Vor diesem Hintergrund sei schließlich noch auf die exponentielle Zunahme von Videokonferenzen und Chats während der Pandemie erinnert – egal ob im Schullalltag der Heranwachsenden, im Berufsleben der Erwachsenen oder in Form onlinebasierter Spieleabende unter Freunden. Von heute auf morgen gab es einen Digitalisierungsschub, dessen Folgen noch nicht abzusehen sind.

Doch es wäre zu kurz gedacht, die Folgen der Pandemie einzig auf das immense Mobilitätsgebaren zuzuspitzen. Silvio Vietta hat in seinen Ausführungen zur ästhetischen Moderne äußerst differenziert die philosophiegeschichtlichen Hintergründe zu Entstehung und Entwicklung der ästhetischen Moderne ausgearbeitet (vgl. Vietta 1992). Diese Ausführungen sollen an dieser Stelle herangezogen werden, da sich auf diese Weise die vorausgehenden Überlegungen bündeln und zusammenfassen lassen. Mehr noch: Aus Viettas Darstellungen lässt sich eine mögliche Erklärung dafür ableiten, wie die oben beschriebene Beschneidung des Freiheitsgefühls in Zeiten der Pandemie zustande kommt.

Vietta dient die von der Aufklärung geprägte Idee eines selbstermächtigten, vernunftbegabten Subjekts, das letztlich auch die Französischen Revolution initiierte, als Reflexionsfolie. Die sich auf die *ratio* des Menschen berufende Aufklärung wurde unter anderem durch René Descartes und Thomas Hobbes philosophiegeschichtlich vorbereitet. Die sich in der Nachfolge dieser Denker abzeichnende Mechanisierung der Natur respektive das damit verknüpfte ökonomische Kalkül erschien bereits in der Aufklärung als ein zweischneidiges Schwert. Während das besagte Kalkül seit Anbruch der Neuzeit affirmativ fortgeführt wird, gab es gerade in der Aufklärung Tendenzen, die die Konsequenzen eines auf seinem Herrschaftsanspruch insistierenden Subjekts bereits kritisierten. So konstatiert Vietta im Rekurs auf Johann Gottfried Herder: „Die Einführung der Freiheit in Europa folgt […] letztlich dem ökonomischen Kalkül der besseren Rentabilität. Freiheit als eine Kategorie des ökonomischen Ertrags." (ebd., S 51). Als Reaktion auf einen ökonomisch begründeten, die

Natur ausbeutenden Freiheitsbegriff hat sich dann die ästhetische Moderne, so Vietta weiter, in Abgrenzung zur rationalistischen Moderne als eine „utopisch-kritische Gegenstimme" (ebd., S. 51) formiert.

Dass derlei Abgrenzungen – genauso wie das ökonomische Freiheitsverständnis – bis in die Gegenwart fortwirken, wird besonders durch die Titelseite von *L'Espresso* sichtbar. Diese Seite lässt sich im Sinne Viettas als ‚utopisch' klassifizieren. Trägerin ebendieser Utopie ist das Mädchen im gelben Shirt. Denn das Coverbild gibt keine aktuelle Zustandsbeschreibung wieder. Stattdessen stellt es, das hat die Bildanalyse offengelegt, einen ‚reflexiven', in die Zukunft weisenden Gestus dar.[20] Indem die Frau nicht mehr als Herrin des Hauses am Fenster erscheint, sondern – verkörpert durch das junge Mädchen – draußen vor dem Fenster auftaucht, werden bildrhetorisch etablierte Konzepte unterlaufen. Das Cover entwirft eine Utopie, die die Überwindung einseitig patriarchaler Strukturen in Aussicht stellt. Sicherlich ist diese einzelne Titelseite nicht imstande, die ökonomischen Abhängigkeitsverhältnisse, welche sich an das Konzept des Patriarchats knüpfen, von heute auf morgen zu überwinden. Gleichwohl setzt es wichtige und relevante Impulse und befeuert die hieran gekoppelte kulturgeschichtlich-soziologische Debatte zu einem neuralgischen Zeitpunkt. Dabei ist die Frage nach der Emanzipation der Frau kein exklusiv italienisches Thema.

Die Wichtigkeit der Frauenrechte hat sich nach Erscheinen des Titelbildes von *L'Espresso* schließlich mit Blick auf die regressiven Entwicklungen in Polen sowie in der Türkei weiter verschärft. Die Frauenrechte wurden sowohl in Polen als auch in der Türkei in jüngster Zeit stark beschnitten. Trotz massiver

---

20 Die Rede von ‚Reflexivität' bezieht sich hier ebenfalls auf Vietta, der diese noch vor der Pandemie in dem 2012 erschienen Titel „Rationalität. Eine Weltgeschichte" eingefordert hat. Mehr noch: Er stellt darin auch die Rollenbilder von Mann und Frau als ein Ergebnis rationalen Denkens heraus, wobei sich diese im Laufe der Geschichte bereits selbst korrigiert haben und nicht mehr dualistisch (i. S. v. rational – irrational) funktionieren (vgl. Vietta 2012, S. 12 und passim). Doch trotz der selbstregulativen Momente rationalen Denkens und Handelns warnt Vietta vor den negativen Folgen eines weiterhin einseitig verlaufenden Rationalitätsdenkens. Er plädiert für ein stärker integratives, die „Aisthetik" mitberücksichtigendes Lebensführung: „Die reflexive Wendung der Rationalität kommt nicht umhin, das von ihr Ausgeschlossene […] wieder stärker selbstkritisch miteinzubeziehen in ihr Denken und ihre Planung, wenn der Mensch als sinnliches Wesen auf der Erde bestehen will." (Vietta 2012, 393f.).

Proteste schlugen die beiden konservativ regierten Länder ein Rückwärtsgang ein: Im Januar 2021 wurde im Amtsblatt der Republik Polen die kontrovers diskutierte Verschärfung des Abtreibungsverbots amtlich besiegelt. Außerdem trat die Türkei im März 2021 aus der *Istanbuler Konvention* aus und deklarierte damit häusliche Gewalt gegenüber Frauen (erneut) zur Privatsache. Im Kontext dieser Entwicklungen, erhält die Titelseite des italienischen *L'Espresso* eine über einzelne Ländergrenzen hinausreichende Brisanz und adressiert offen einen Missstand, der an die allgemeinen Menschenrechte rührt.

Im Übrigen lässt sich feststellen, dass im Lichte der Pandemie das Thema Gesundheit eine so gewaltige Omnipräsenz erhalten hat, dass andere Problem- und Fragestellungen auf einmal vergleichsweise nebensächlich erscheinen. Doch müssten nicht in solch einer Krisenzeit gerade die Menschen- und im vorliegenden Fall insbesondere die Frauenrechte mindestens gleichrangig behandelt werden? Während man wiederholt davon liest, dass gerade im Zuge häuslicher Isolation und Quarantäne die Zahl häuslicher Gewalttaten zugenommen haben (vgl. Herrmann 2020), sind die benannten politisch getroffenen Entscheidungen in Polen und in der Türkei überaus besorgniserregend.

III Bildwelten und Bildsprache von Kindern und Jugendlichen in Zeiten der Corona-Pandemie

1 Vorbemerkungen und Vorgehensweise

Dieser dritte Arbeitsteil widmet sich den Bildern, die Kinder und Jugendliche während der Corona-Pandemie gestaltet haben. Hierbei ergeben sich drei exemplarische Blickpunkte. Zu Beginn werden die Regenbögen aufgegriffen, die von jüngeren Kindern zu Hause gestaltet und am Fenster befestigt wurden. Die Beschäftigung mit diesen Fensterbildern bildet ein *Interludium*. Es nimmt einerseits das im vorherigen Arbeitsteil besprochene Fenstermotiv auf und liefert andererseits ein erstes Beispiel für eine von Kindern beanspruchte Bildformel im Kontext der Pandemie. Im Anschluss geht es um zwei Bildkonvolute, die aus dem Kunstunterricht der Sekundarstufe I stammen. Das erste Konvolut umfasst kurze Comicstrips, die Schüler der Klasse 6 während der ersten Schulschließung zum Thema „Kampf dem Corona-Geist" gezeichnet haben. Das zweite Konvolut stammt aus einer neunten Klasse und umfasst Selbstporträts mit einer fiktiven Schutzmaske. Die im Präsenzunterricht begonnene Arbeit an den Porträts wurde durch die zweite Schulschließung unterbrochen, sodass die Porträts zu Hause fertiggestellt werden mussten.

Die Bildkonvolute liegen nicht als vollständige Klassensätze vor. Diese Unvollständigkeit beruht im Fall der Comics darauf, dass sich der Fernunterricht im Rahmen der ersten Schulschließung im Frühjahr 2020 auf Empfehlung der Leopoldina (Deutsche Akademie der Naturforscher) einzig auf die Kernfächer (Deutsch, Mathe, Fremdsprachen) fokussieren sollte.[21] Diese

---

21 Vgl. hierzu die von der Leopoldina herausgegebene „Dritte Ad-hoc-Stellungnahme: Coronavirus-Pandemie – Die Krise nachhaltig überwinden" vom 13. April 2020; abrufbar unter: https://www.leopoldina.org/uploads/tx_leopublication/2020_Leopoldina-Stellungnahmen_Coronavirus-Pandemie_1-7.pdf; letzter Zugriff: 13.06.2021.

Fokussierung weist gerade aus der Perspektive meiner Darstellungen auf eine weit über die Pandemie hinausreichende Problematik hin – die Vernachlässigung ästhetisch-musischer Unterrichtsfächer. Die Ursachen dieser Vernachlässigung wurden jüngst von Rolf Niehoff in einem Interview mit Johannes Kirschenmann konturiert (vgl. Niehoff/Kirschenmann 2021). Dieses Thema kann hier nur gestreift werden und würde eine ganz eigene Publikation füllen. Nichtsdestoweniger berühren die weiteren Ausführungen mittelbar diesen Themenkomplex und zeigen den Stellenwert eines ästhetisch-musischen Weltzugangs auch in Krisenzeiten.

Zurück zur Zusammensetzung des Bildkonvoluts mit Comics: Es liegt darüber hinaus nicht als vollständiger Klassensatz vor, da durch die unerwartet rasche Schließung der Schulen im Zuge der ersten Welle die Infrastruktur für einen gelingenden Fernunterricht nicht zu jeder Zeit und nicht an jedem Ort sichergestellt war. Infolgedessen wurden die Lehrkräfte von den Kultusministerien dazu angehalten, auf eine Leistungsmessung zu verzichten. Dies brachte mit sich, dass einige Schüler besonders die gestalterischen Aufgaben des Kunstunterrichts als ein freiwilliges Angebot ansahen und vernachlässigten. Mit der schrittweisen Wiederaufnahme des Präsenzunterrichts wurden zeitgleich jeweils bundeslandinterne bzw. -spezifische Maßnahmen zur strukturellen Verbesserung getroffen, sodass für den Fall einer erneuten Schließung die Vermittlung von Lerninhalten in *allen* Fächern bestmöglich fortgeführt werden könnte. Als eine solche Schließung dann im Dezember 2020 eintrat, waren zwar alle beteiligten Parteien – Lehrende, Lernende und Erziehungsberechtigte – besser vorbereitet, doch selbst in dieser zweiten Fernunterrichtsphase konnte die aktive Bearbeitung des Lernstoffes nicht uneingeschränkt sichergestellt werden. Trotz der mittlerweile kommunizierten Pflicht zur Bearbeitung von Aufgaben wie auch einer damit verbundenen Leistungsmessung, ergaben sich deutliche Diskrepanzen zwischen den Erwartungen und den Möglichkeiten diese zu erfüllen. Die Palette an Gründe für das Ausbleiben geforderter Leistungen ist vielgestaltig. Sie reicht von technischen Problemen über motivationale und gesundheitliche Faktoren bis hin zum sozioökonomischen Status des Elternhauses. Es lässt sich mit Jörg Hacker feststellen, dass „die Pandemie die Ungerechtigkeit unseres Bildungssystems noch einmal deutlich hervorgehoben

[hat], was sich zum Beispiel im Zugang zu Internet und Computern oder einer lernförderlichen Umgebung zeigt." (Hacker 2021, S 109)

Allen drei in diesem Arbeitsteil zur Betrachtung stehenden Bildgruppen ist gemein, dass sie ausschnitthaft sind. Darüber hinaus wurde der Gestaltungsprozess in allen drei Fällen angeleitet. Die Fensterbilder sind aber deutlich von den aus dem Kunstunterricht stammenden Bildkonvoluten abzugrenzen, da sie eine weitgehend freiwillige und private Gestaltungsmöglichkeit darstellen. Demgegenüber stehen die Bildkonvolute im Kontext eines bewusst angelegten Lehr-Lernprozesses. Es lag – wie weiter unten gezeigt wird – eine konkrete Aufgabenstellung vor, die darauf zielte, die an das Corona-Virus geknüpften Imaginationen zu vergegenwärtigen. Es geht in beiden Unterrichtsszenarien darum, die „[g]estalterische Darstellungs- und Mitteilungsfähigkeit zu bilden und Gestaltung als *haltgebenden Weltbezug und sinngebende Weltdeutung* [Hervorh. A.S.] erfahrbar zu machen" (Krautz 2020a, S. 102).

Methodisch wird zur Besprechung des vorliegenden Bildmaterials auf den von Hubert Sowa und Bettina Uhlig erarbeiteten Ansatz einer kunstpädagogischen Bildhermeneutik zurückgegriffen. Dementsprechend wird der Bildprozess aus verschiedenen Perspektiven betrachtet und analysiert (vgl. Sowa/Uhlig 2006, S. 21). Die Perspektiven lassen sich vor dem Hintergrund des in der Einführung skizzierten Erkenntnisinteresses folgendermaßen konkretisieren. Einerseits steht die formale und inhaltliche Dimension der zur Verfügung stehenden Gestaltungsergebnisse im Mittelpunkt. Diese werden andererseits durch Informationen zum „Produktionskontext" und zur „Bildkompetenz der Autoren" (ebd., S. 23) ergänzt. Es geht also – neben den Bildern als solches – auch darum, zu welchem Zeitpunkt in der Pandemie sie entstanden sind und inwieweit im Gestaltungsangebot bzw. Gestaltungsauftrag Aspekte zum Lern- und Entwicklungsstand berücksichtigt worden sind.

2 Regenbögen als Fensterbilder

Dieser Gliederungspunkt knüpft an das im vorherigen Arbeitsteil besprochene Fenstermotiv an und verbindet es mit dem Bereich der Kinder- und Jugendzeichnung. Denn im Zuge der ersten Corona-Welle wurde das Fenster nicht nur bildjournalistisch als Kommunikator beansprucht. Es trat auch realiter beim Spaziergang durch die Nachbarschaft als Kommunikationskanal in Erscheinung. Häufig zierten farbenprächtige Zeichnungen, Ausmalbilder oder Fingerfarbenbilder, die einen Regenbogen wiedergaben, die Fenster in der Bundesrepublik und darüber hinaus. Die Bedeutung und Botschaft dahinter wird in zwei Schritten analysiert: Ein kurzer Exkurs beleuchtet zuerst das meteorische Erscheinen eines Regenbogens sowie die symbolhafte Vereinnahmung des Regenbogens im Allgemeinen. Im Anschluss daran wird der Regenbogen dann als Bildformel im Umfeld der Corona-Pandemie betrachtet.

2.1 Regenbögen im Kontext

Wie entstehen Regenbögen? Kaum ein Kind weiß auf diese Frage keine Antwort. Jeder beobachtet in der Regel bereits im Kindesalter, wie nach einem Unwetter langsam die dunkle Wolkendecke aufbricht, der Regen allmählich nachlässt und gleichzeitig ein Regenbogen am Himmel erscheint. Auch haben sicherlich die meisten einmal bemerkt, dass die Strahlkraft des in den Spektralfarben leuchtenden Regenbogens je nach Regenstärke sowie je nach Dunkelheit der (partiell noch vorhandenen) Wolkendecke variiert.

Will man über diese bloß phänomenhaften Beobachtungen hinaus etwas über die Entstehung von Regenbögen wissen, hilft das Online-Glossar des Deutschen Wetterdienstes weiter. Dieses präzisiert beispielsweise, dass die Strahlkraft bzw. Sichtbarkeit eines Regenbogens vom Standpunkt der Betrachtenden abhängt. Es erläutert, dass ein Regenbogen dann sichtbar ist, wenn die Sonnenstrahlen auf einen Vorhang aus Regentropfen treffen und diesen durchdringen. Bei dieser Durchdringung wird das Sonnenlicht gebrochen und auf der Rückseite der Regentropfen reflektiert. In der Konsequenz erstrahlt das bunte, kreisbogenförmige Lichtband. Es ist jedoch nur für diejenigen sichtbar, die die Sonne im Rücken haben bzw. sich auf der Achse zwischen der Sonne und dem Regenvorhang befinden (vgl. Deutscher Wetterdienst 2021).

Einen wesentlichen Beitrag auf dem Weg die Entstehung des Regenbogens physikalisch zu erklären, lieferte Isaac Newton Ende des 17. Jahrhunderts. Er zerlegte das durch einen kleinen Schlitz in einen dunklen Raum fallende Sonnenlicht mithilfe eines Prismas in seine Spektralfarben. Indem Newton in dieser Versuchsanordnung nicht nur das Licht auf ein Minimum reduzierte, sondern mit der Dunkelkammer einen idealen und gleichsam künstlichen Raum schuf (vgl. Wenzel 2007, S. 123), erbrachte er einen wesentlichen Nachweis darüber, wie ein Regenbogen zustande kommt. Mit diesem Nachweis steht er ganz und gar in der Tradition neuzeitlichen Denkens. Auch bei Newton trifft das bereits im vorigen Arbeitsteil thematisierte subjekt-objekt-spaltende Prinzip zu. Newtons Methodik war darauf angelegt, das natürliche Phänomen in der Dunkelkammer auf ein Minimum zu abstrahieren. In der Konsequenz wird die sinnliche Wahrnehmung des Subjekts maßgeblich vernachlässigt. Es liegt derselbe Tatbestand vor, der bereits im vorigen Arbeitsteil bei der Zentralprojektion angesprochen wurde. Doch hier wie dort ist die subjekt-objektspaltende Kraft neuzeitlichen Denkens nicht ohne Reaktion geblieben. Einen wesentlichen Reibungspunkt in der Rezeptionsgeschichte der Newton'schen Optik, hat Johann Wolfgang von Goethe geliefert. Goethe, selbst ein Grenzgänger zwischen den Wissenschaften, beschäftigte sich – neben seinem literarischen Werk – unter anderem mit optischen Phänomenen wie dem Regenbogen. Im Ergebnis entwickelte er eine Farbenlehre, in der sich „Physiologie mit Physik und Chemie, Kunsttheorie und Ästhetik mit handwerklicher Praxis, Wissenschaftsgeschichte mit Erkenntnistheorie" (ebd., S. 116) vereinigen sollte. Vor dem Hintergrund dieser interdisziplinären Herangehensweise lässt sich schließlich Goethes Ablehnung gegenüber Newton plausibilisieren. Während Newtons Erkenntnisweg stark abstrahierend bzw. objektivierend verläuft und die sinnliche Wahrnehmung des Subjekts weitgehend ausklammert, bilden bei Goethe Subjekt und Objekt eine untrennbare Teil-Ganzes-Relation (vgl. Wenzel 2007, S. 124). Goethe prangerte die Künstlichkeit der Newton'schen Versuchsanordnung an, da aus seiner Sicht „der phänomenale Charakter des Geschauten verlorengeht" (ebd.).

Obzwar die lange Rezeptionsgeschichte von Goethes Farbenlehre und die mit ihr verwobene Newton-Polemik offenlegt, dass Goethe sich irrte (vgl. Wenzel 2007, Borges 2019), ergeben sich aus diesem Irrtum dennoch zwei für diese Abhandlung fruchtbare Blickpunkte. Einerseits lässt sich Goethes Newton-Polemik als ein Plädoyer dafür lesen, den Machtanspruch der Naturwissenschaften, mit Kalkül die Welt bzw. Natur zu beherrschen, zu relativieren. Immerhin ist dieser Herrschaftsanspruch nicht zuletzt in Anbetracht der Klimakrise wie auch der Corona-Pandemie revisionsbedürftig geworden

– dazu weiter unten mehr. Zweitens liefern Goethes Aufzeichnungen „Zur Farbenlehre" gerade aufgrund der erwähnten Interdisziplinarität eine Multiperspektivität, die weit über eine rein naturwissenschaftliche Betrachtung hinausreicht, da Goethe unter anderem die an den Regenbogen geknüpften Symbolisierungsprozesse aufgreift. So lautet es in seinen Ausführungen:

> „Stark in die Sinne fallende Phänomene werden lebhaft aufgefaßt [sic]. In dem Kreise meteorischer Erscheinungen mußte [sic] der seltnere [sic], unter gleichen Bedingungen immer wiederkehrende Regenbogen die Aufmerksamkeit der Naturmenschen besonders auf sich ziehen. Die Frage, woher irgendein solches Ereignis entspringe, ist dem kindlichen Geiste wie dem ausgebildeten natürlich. Jener löst das Rätsel bequem durch ein phantastisches, höchstens poetisches Symbolisieren; und so verwandelten die Griechen den Regenbogen in ein liebliches Mädchen, eine Tochter des Thaumus (des Erstaunens); beides mit Recht: denn wir werden bei diesem Anblick das Erhabene auf eine erfreuliche Weise gewahr. Und so ward sie diesem Gestalt liebenden [sic] Volk ein Individuum, Iris, ein Friedensbote, ein Götterbote überhaupt; andern [sic] weniger Form bedürfenden Nationen, ein Friedenszeichen." (Goethe, Hamburger Ausgabe Bd. 14, S. 11)

Der von Goethe im vorstehenden Passus beschriebene Prozess der Symbolbildung geht ausführlich auf die griechische Mythologie ein und stellt Iris als Personifikation des Regenbogens heraus. In einem kurzen Nachsatz weist er außerdem darauf hin, dass der Regenbogen andernorts als ‚Friedenszeichen' aufgefasst werde. Damit spielt er, so ist anzunehmen, auf die im Alten Testament geschilderte Sintflut an, bei der lediglich die auf Noahs Arche verbliebenen Menschen und Tiere überlebt haben. Gott schließt mit Noah nach der Sintflut einen Friedensbund, in dem er versichert, dass es keine weitere Flut geben werde. Ein Bund, der mit einem Regenbogen besiegelt wird (vgl. Redling 2008, S. 292). Diese an den Regenbogen gekoppelte friedensstiftende Qualität ist weit über den biblischen Kontext und Goethes Lebzeiten hinaus wirksam geblieben. Ob in der Hippiekultur, im Umfeld der LGBTQ+-Bewegung oder der Friedensbewegung höchstselbst – der Regenbogen spielte und spielt in der

Populärkultur weiterhin eine große Rolle, wobei Gesichtspunkte wie Naturverbundenheit und Diversität den Friedensaspekt ergänzen.

Erweitert man schließlich das bislang rein eurozentristische Blickfeld und berücksichtigt auch andere Kulturkreise, so zeigt sich, dass der Regenbogen nicht nur in der griechischen Mythologie und später im Christentum als Brücke zwischen Göttern und Menschen fungiert. Man denke etwa an die australischen Aborigines, die in ihrer Schöpfungsgeschichte eine Regenbogenschlange verehren oder an die indianischen Navajos, die einen in ihrem Reservat befindlichen überdimensionalen Steinbogen (*Nonnezoshi*) als versteinerten Regenbogen auffassen und als schutzbringendes Heiligtum verehren.

Insgesamt unterstreichen alle hier versammelten Beispiele die Tatsache, dass der Regenbogen ein kulturübergreifendes Symbol abgibt, das gemeinhin als Repräsentation des Guten auftritt. Auf diese Tradition des Regenbogens als ein stärkendes Symbolzeichen greifen die Menschen – wie das nächste Teilkapitel veranschaulicht – in Zeiten der Corona-Pandemie zurück.

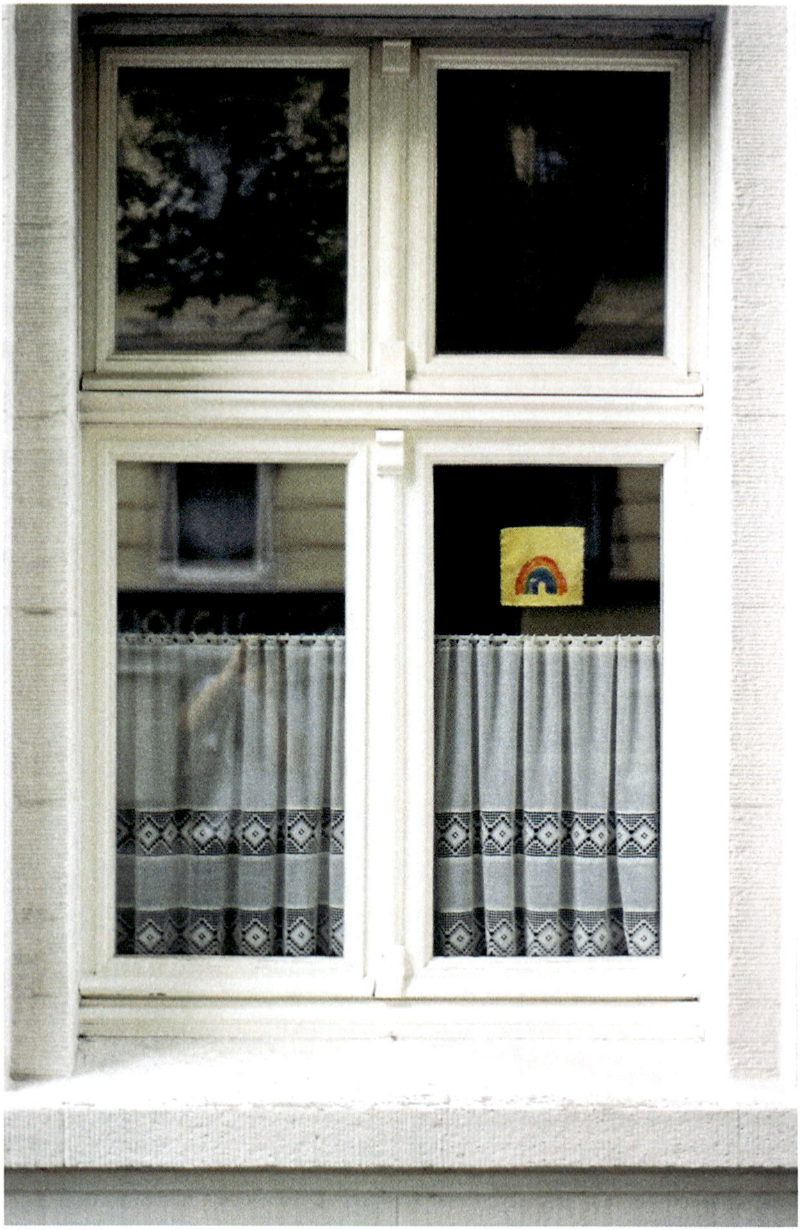

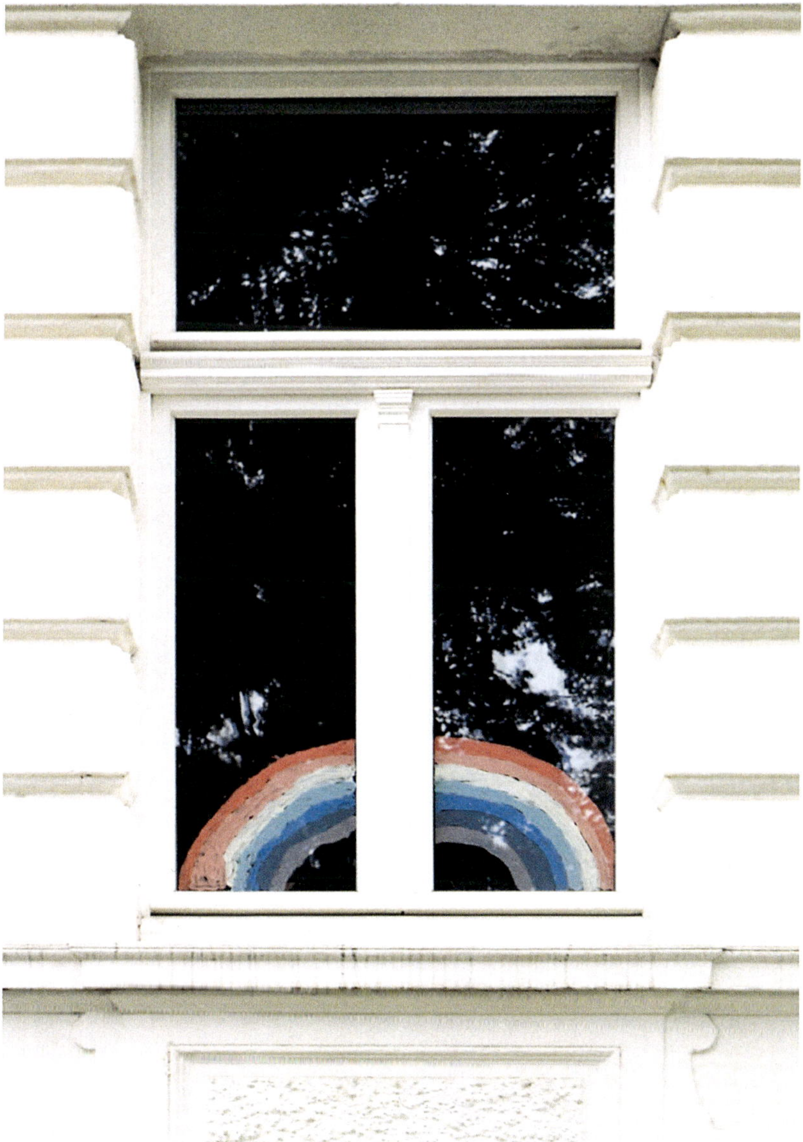

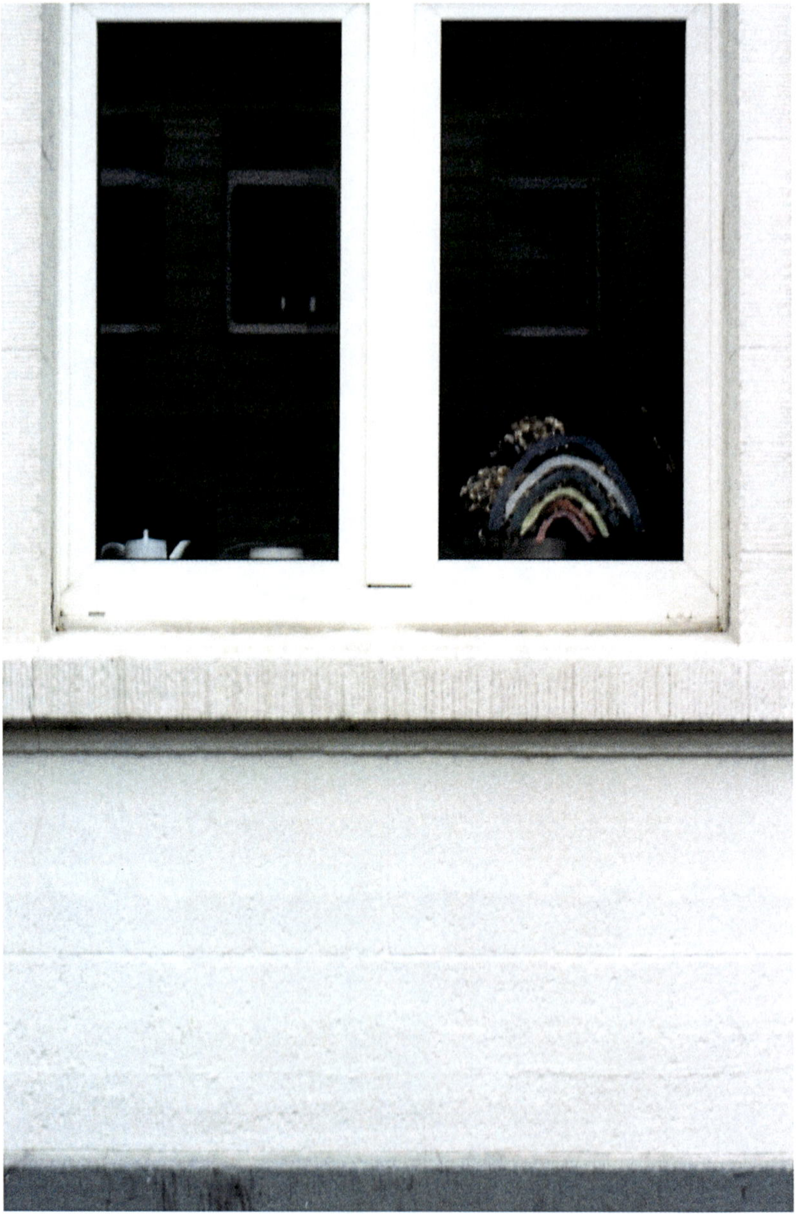

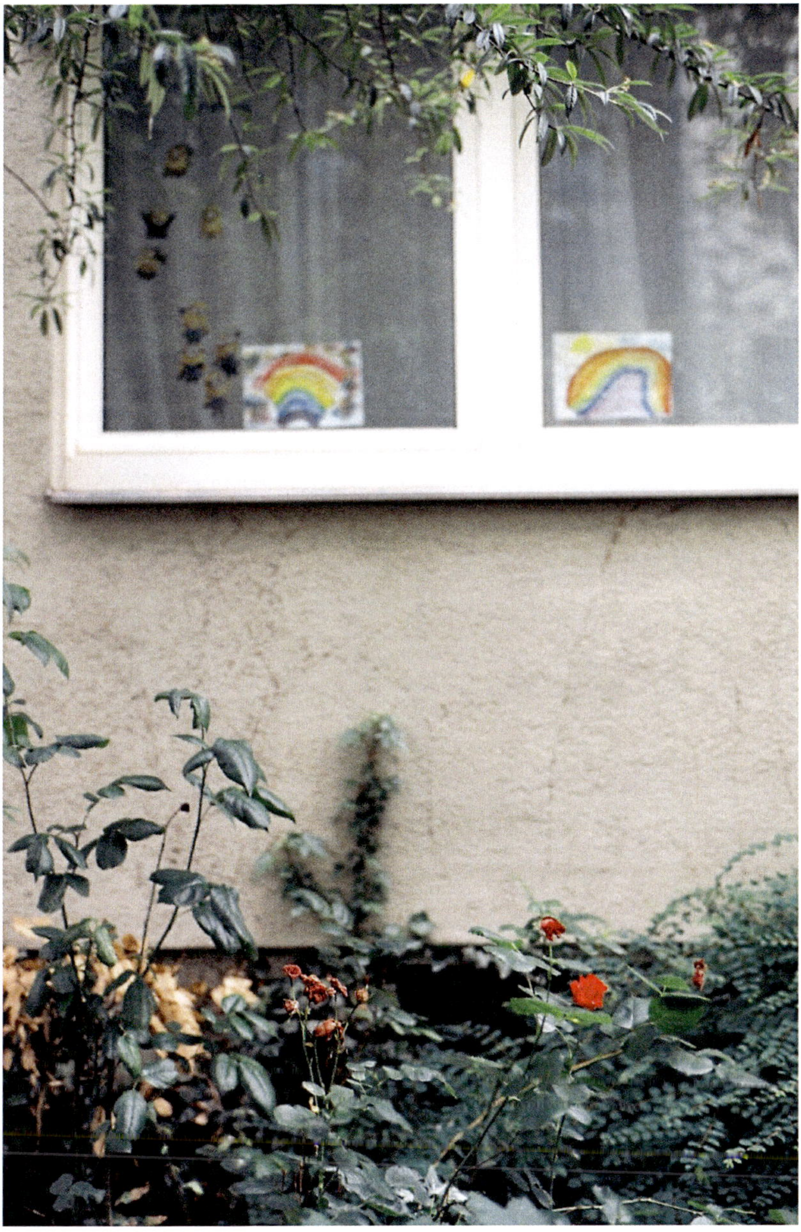

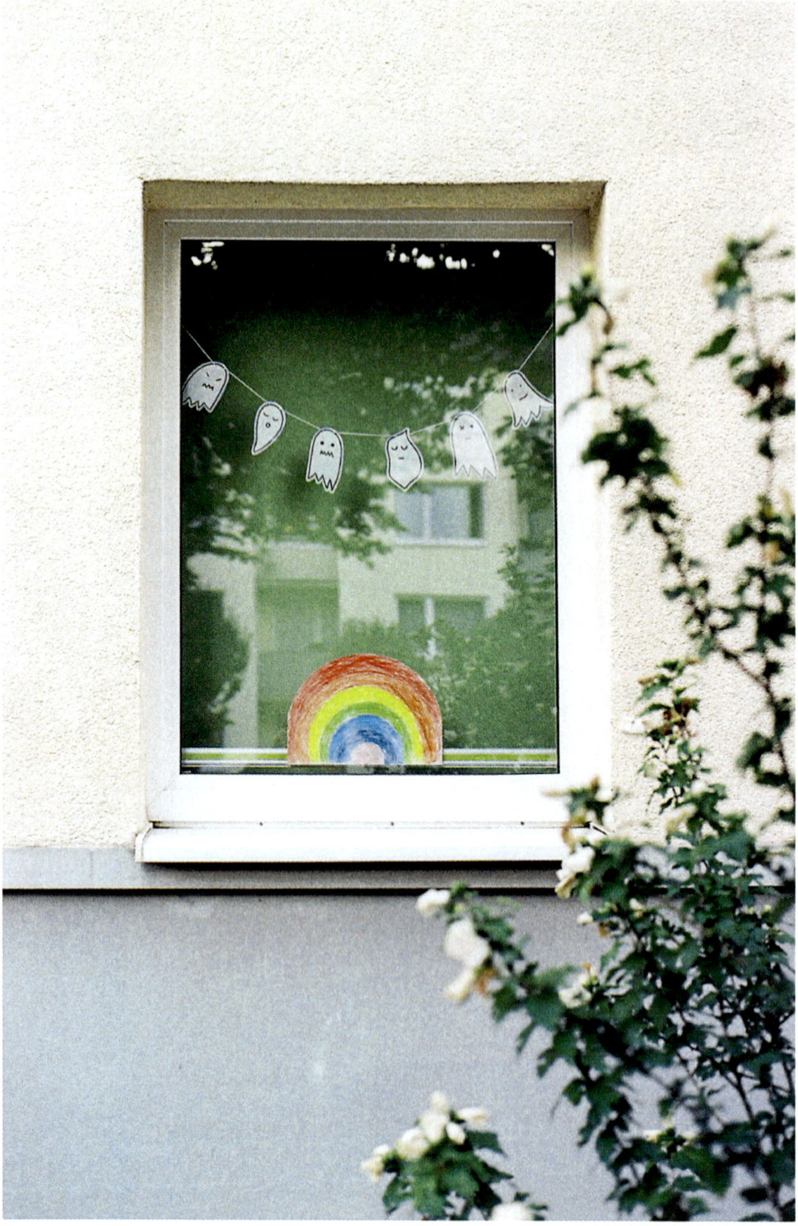

Abb. 16–21: Fenster mit Regenbogenbildern (Bonn im Frühjahr 2020, 35mm-Fotografien)

2.2 Das Regenbogenfensterbild als Brücke zwischen den Menschen

Das Corona-Virus hat, wie in der Einführung beschrieben, die Bundesregierung Mitte März 2020 dazu veranlasst, das öffentlichen Leben stark einzuschränken. Dies bedeutete, dass Schulen und Kindertagesstätten von heute auf morgen nicht mehr erreichbar waren. Es sollten alle zu Hause bleiben und ihre sozialen Kontakte auf das Nötigste reduzieren, um in der Konsequenz die Verbreitung des Virus zu verlangsamen.[22]

---

22 Eine tabellarische Auflistung der in der Bundesrepublik unternommenen Maßnahmen zur Eindämmung der Pandemie findet man bei Hacker 2021, S. 108f. Seine Tabelle endet mit der Zulassung des Moderna-Impfstoffs in der EU am 06.01.2021.

Abb. 22–23: Fenster mit beschrifteten Regenbogenbildern (Bonn im Frühjahr 2020)

Diese Ausgangsbeschränkungen waren insbesondere für die Jüngsten unserer Gesellschaft sehr schwer nachvollziehbar. Für Kinder war und ist die gesamtgesellschaftliche Tragweite der Pandemie allein schon aus entwicklungspsychologischer Sicht noch nicht begreifbar (vgl. Silbereisen 1998, S. 835f.). Sie standen von heute auf morgen unter Hausarrest. Vor dem Hintergrund dieses Notstandes entwickelte sich eine Mitmachaktion, die darin bestand, Regenbogenbilder auszumalen oder selbst mit Fensterfarbe, Transpatentpapieren oder anderem Material zu gestalten und gut sichtbar für die Mitmenschen am Fenster zu platzieren. Ihren Ursprung hatte die Aktion in Italien, wo man die Regenbogenbilder zuerst anfertigte und mit dem Schriftzug „Andrà tutto bene" versah. In Deutschland wurden die Regenbögen dann – entsprechend der Übersetzung – mit den Worten „Alles wird gut" versehen (vgl. Szymanowski 2020 sowie Abb. 22).

Darüber hinaus haben die Absender ihr Fensterbotschaften teilweise ausdifferenziert bzw. personalisiert, wie die hier versammelten Bildbeispiele aus Bonn zeigen. Es sind unter anderem auch Regenbögen aufgetaucht, die von einem „Danke" begleitet wurden (Abb. 21). Damit bekundeten die Urheber ihre Wertschätzung in Bezug auf das solidarische Zuhause-Bleiben. Darüber hinaus konnten man in Kindertagesstätten und Grundschulen Regenbögen sehen, die mit „Wir vermissen euch", „Ihr fehlt uns" (Abb. 22 und 23) oder ähnlichen Worten versehen waren. Diese letzte Gruppe von Bildwerken haben in der Regel jene Kinder (mit-)gestaltet, die aufgrund der systemrelevanten Berufe ihrer Eltern weiterhin in ihren Einrichtungen unter Berücksichtigung der Abstandsregeln und Hygienevorgaben betreut wurden.

Insgesamt reifte der Regenbogen zu einem farbprächtigen Symbolbild heran, das auf bessere Zeiten hinweisen sollte. Die Aussage- bzw. Symbolkraft des Regenbogens erschloss sich Kindern in der Regel aus der eigenen Erfahrungswelt. Für gewöhnlich haben sie selbst bereits einmal beobachtet, wie nach einem Unwetter ein Regenbogen am Himmel auftauchte und signalisierte, dass man bald wieder zum Spielen nach draußen gehen kann. Zusätzlich ist vielen Kindern der Regenbogen aus der Popkultur bekannt, beispielsweise aus TV-Serien wie „Glücksbärchis & Co". Dazu kennen einige sicherlich die biblische Geschichte um Noahs Arche. Diese wurde eventuell sogar bei einer Bilderbuchlektüre in der Vorschule oder im Religionsunterricht in der Grundschule besprochen, sodass manche Kinder wissen, dass das Erscheinen des Regenbogens am Ende der Sintflut ein Signal der göttlichen Gnade darstellt und Trost spendet.

Indem Kinder in der ersten Welle der Corona-Pandemie also Regenbögen an den Fenstern platzierten, entsendeten sie nicht nur hoffnungsvolle Grüße, sie trösteten sich in Zeiten häuslicher Isolation auch gegenseitig. Entdeckte ein Kind beim Familienspaziergang oder beim Blick durch das eigene Fenster einen Regenbogen im Nachbarshaus, wusste es, dass sich die Freunde bzw. Nachbarn in derselben Situation befinden.

Regenbogenfensterbilder und ihre kulturgeschichtlichen Implikationen

Vor dem Hintergrund der vorausgegangenen Kontextualisierung lässt sich konstatieren, dass das kreisbogenförmige Lichtband in der Corona-Pandemie wiederholtermaßen die Funktion einer Brücke übernahm. In diesem Fall repräsentierte der Regenbogen aber keine Brücke zwischen der göttlichen Sphäre und den auf der Erde lebenden Menschen. Stattdessen vermittelte er zwischen den Menschen höchstselbst. Obwohl sich der an die Regenbögen geknüpfte Bildprozess – gestalterisch wie rezeptiv – vorgeblich an Kinder richtete, bedeutete dies im Umkehrschluss nicht, dass die Erwachsenen aus der Kommunikationskette ausgeschlossen wurden. Das Bild des Regenbogens lieferte nicht allein ein kindgerechtes Kommunikationsmittel, er stellt dazuhin – zumindest potentiell – ein generationenübergreifendes Trostmittel dar. Immerhin liegen zahlreiche Berichte darüber vor, dass die Pandemie maßgeblich eine Vereinsamung herbeigeführt hat. Zwar lassen sich zum gegenwärtigen Zeitpunkt – also aus der Pandemie heraus gesprochen – noch keine finalen Untersuchungsergebnisse heranziehen. Dennoch deuten erste Erhebungen darauf hin, dass die Menschen sich verglichen zur pandemiefreien Zeit grundsätzlich einsamer fühlten, wobei Einsamkeit im Zuge dieser ersten Erhebungen als „Diskrepanz zwischen gewünschten und tatsächlich vorhandenen sozialen Beziehungen" (Hacker 2021, S. 110) definiert wurde.

Resümierend lässt sich sagen, dass die am Fenster befestigten Regenbögen, genau wie das eigentliche Naturschauspiel, als Blickfänger fungierten. Die Fensterbilder haben während der ersten Infektionswelle den umherschweifenden Blick der Nachbarn oder auch Spaziergänger, egal ob jung oder alt, auf sich gezogen. Dies ist insofern besonders, als der von außen auf ein privates Fenster gerichtete Blick für gewöhnlich eher voyeuristisch einzuschätzen ist. Eine solche Einschätzung wurde jedoch angesichts der Pandemie temporär suspendiert. Folglich haben die Regenbogenbilder ganz beiläufig die mit dem Fenster verbundene Grenze zwischen Innen und Außen bzw. Privatem und Öffentlichen nivelliert.

Im Ergebnis kann diesen Regenbogenbildern eine vermittelnde, um nicht zu sagen eine geradezu einheitsstiftende Wirkung zugesprochen werden. Sie rühren implizit an ein komplexeres, bereits im letzten Arbeitsteil erörtertes und in Goethes Newton-Polemik erneut aufgeschienenes Phänomen: die rationalistische Moderne. Denn gerade die in der Pandemie um sich greifende Einsamkeit spiegelt die Konsequenzen eines sich in der Neuzeit herausbildenden rationalistischen Subjektverständnisses wider. Das Subjekt, welches sich im 17. Jahrhundert zum Maß aller Erkenntnis erhoben hat (*cogito ergo sum*), hat die Natur nicht mehr bloß interpretiert. Vielmehr hat das Subjekt fortan die Natur nach seinen (ökonomischen) Bedürfnissen kontinuierlich umgestaltet. Der Herrschaftsanspruch dieses Denkens korrespondiert gleichzeitig mit der Mechanisierung der Natur und kann als wesentlicher Motor für die in der Folgezeit eingesetzte Industrialisierung angesehen werden. Die Krisenhaftigkeit und vor allem auch der Solipsismus, der sich aus der rationalistischen Denkweise speist, wird für die Menschheit in Anbetracht der gegenwärtigen Pandemie unmittelbar spürbar.[23] Vor diesem Hintergrund erscheint die Corona-Pandemie wie ein deutliches, nicht übersehbares Warnsignal in Bezug auf Nachhaltigkeitsfragen (vgl. Teil II. 4 Fazit: Das Corona-Virus zwischen Mobilitätsgebaren und Utopie).

Letztlich ist die Pandemie, so hat es Jörg Hacker herausgearbeitet, auch eine Erscheinung des Anthropozäns. Der unter anderem vom Atmosphärentechniker und Nobelpreisträger Paul J. Crutzen in den 2000er-Jahren geprägte Begriff des ‚Anthropozäns' beschreibt „das Zeitalter, in dem der Mensch maßgeblich die biologischen, geologischen und atmosphärischen Prozesse beeinflusst hat und so zu einer relevanten geologischen Kraft auf der Erde geworden ist." (Hacker 2021, S. 66) Diese Einflussnahme fällt maßgeblich mit der Industrialisierung zusammen (vgl. ebd.) und steht somit unter direktem Einfluss rationalistischen Denkens und Handelns. Die sich hieraus speisenden ökologischen Probleme, allem voran die akuten Klimaveränderungen, stellen eine gesellschaftliche Herausforderung dar. Obwohl die Klimaveränderungen jüngst für alle in Form von ungewohnt langanhaltenden Hitzewellen im Sommer spürbar geworden sind, folgten bis zum Zeitpunkt der Corona-Krise noch keine merklichen Veränderungen in der Lebensweise der Menschen, die auf der Einsicht in diese Prozesse beruhen würden. Erst die durch die Corona-Krise herbeigeführten Restriktionen hatten zumindest für einige Zweifelnde einen augenöffnenden Effekt: Denn im Frühsommer 2020 las man, wie aufgrund des Ausbleibens touristischer Menschenströme die Kanäle Venedigs endlich wieder klares Wasser führten. Auch wurde von Messungen berichtet, die den Rückgang des CO_2-Gehalts in der Luft über Wuhan, dem industriellen Schwerpunkt Mittelchinas, belegten (vgl. Mast 2020). Diese an die Pandemie

---

23 Eine ähnliche Zäsur, in der die Errungenschaften der rationalistischen Moderne bereits einmal fragwürdig geworden sind und eine Entfremdung bewirkt haben, stellen die zwei mechanisierten und menschenverachtenden Weltkriege zu Beginn des 20. Jahrhunderts dar.

gekoppelten Nebenwirkungen sind zugegebenermaßen temporär, punktuell und stellen längst kein Allheilmittel dar; nichtsdestoweniger haben sie den Einfluss des Menschen auf die Natur einmal mehr verdeutlicht. Ob bzw. welche Konsequenzen das Corona-Virus in Bezug auf ein klimabewussteres Verhalten haben wird, bleibt abzuwarten. Dass die Eingriffe des Menschen in die Natur eine Mitschuld an der Pandemie tragen, darf an dieser Stelle jedenfalls nicht unerwähnt bleiben.

Die Regenbogenbilder, um an den Ausgangspunkt zurückzukommen, haben selbstverständlich keine Lösung für die genannten Probleme geliefert. Dennoch haben sie – zumindest im Zuge der ersten Pandemie-Welle – ein verbindendes, an die Ganzheitlichkeit appellierendes Signal gesetzt und in der Folge die rationalistische Subjekt-Objekt-Spaltung zeitweise nivelliert. Langfristig und mit Blick auf die Komplexität der Corona-Krise ist schließlich mit Silvio Vietta die Dringlichkeit eines grundlegenden Umdenkprozesses herauszustellen: „*hin* zu einer *reflexiven* und *nachhaltigeren* Form von Rationalität." (Vietta 2012, S. 393; Hervorh. im Orig.)

Dass Reflexivität und Nachhaltigkeit auch das Handlungsfeld Schule betreffen, haben die einleitenden Vorbemerkungen bereits angerissen. Es kann und darf nicht das Ziel sein, auf einen aus der Not geborene Digitalisierungshype aufzuspringen. Die Krise sollte nicht zum Anlass genommen werden, vorschnell Konzepte zu etablieren, die mittelbar eine Bildungsungerechtigkeit forcieren und gleichzeitig einer Ökonomisierung der Bildung in die Hände zu spielen. Denn das führt in letzter Instanz zur Vernachlässigung des sich bilden wollenden Subjekts (vgl. Lankau 2017, Krautz 2020b). Entsprechend stehen die folgenden Einblicke in den Kunstunterricht im Zeichen von Viettas Forderung nach einer „Aufhebung der Kulturspaltung von Rationalität und dem so genannten Irrationalen und ihre *Rückbindung* an die anthropologisch ältere *Aisthetik*." (Vietta 2012, S 394; Hervorh. im Orig.) Mehr noch, die Schülerarbeiten veranschaulichen die Relevanz einer händisch-tätigen Auseinandersetzung mit ihrer Um- und Mitwelt.

3 Kunstunterricht zwischen Präsenz und Absenz

Wenn es im Kontext der Pandemie um Schule und Unterricht geht, haben sich mittlerweile Begriffe wie ‚Präsenzunterricht', ‚Distanzlernen' oder auch ‚Hybrides Lernen' etabliert. Mehr noch: Das pandemische Geschehen hat die Digitalisierung von Schule und Unterricht maßgeblich beschleunigt. In der Folge musste nicht nur die digitale bzw. technische Infrastruktur an den Schulen *ad hoc* aus- und in manchen Fällen sogar erstmals aufgebaut werden; es stellte sich darüber hinaus auch die Notwendigkeit nach einer konzeptionellen Rahmung als unausweichlich heraus. Dementsprechend haben Wanda Klee, Philippe Wampfler und Axel Krommer im Auftrag des nordrhein-westfälischen Ministeriums für Schule und Bildung im Frühjahr 2020 ein Papier mit „Impulsen für das Lernen auf Distanz" verfasst. Ausgehend von diesem Papier haben die genannten Autoren mittlerweile eine Publikation mit dem Titel „Hybrides Lernen. Zur Theorie und Praxis von Präsenz- und Distanzlernen" herausgegeben. Darin ziehen Krommer und Wampfler unter anderem Immanuel Kants Schrift „Über Pädagogik" heran, um den Dualismus von Präsenz- und Distanzunterricht zu diskutieren. Für diese Diskussion berufen sie sich auf die von Kant formulierte Frage „Wie kultviere ich die Freiheit bei dem Zwange?" (Kant zit. n. Krommer/Wampfler 2021, S. 11) und übersetzen sie in ein kybernetisches System, den sogenannten „didaktischen Schieberegler" (ebd.). Diesen Regler begreifen sie dann im weiteren Verlauf als ein sprachliches Schema, welches „dem Muster ‚So viel X wie möglich, so viel Y wie nötig' folgt." (Krommer/Wampfler 2021, S. 11) Dass sich die Didaktik in Anbetracht des von der Corona-Krise forcierten Technisierungsschub ausgerechnet auf ein gleichermaßen technisches Vorstellungsbild beruft, erweist sich bei genauerer Betrachtung als eine Vereinfachung der Krisensituation, die Gefahr läuft, reduktionistisch zu sein.

Der Titel des hier vorliegenden Kapitels nimmt bewusst von der Kybernetik Abstand, die in dem von Krommer und Wampfler vorgeschlagenen Bild eines ‚didaktischen Schiebereglers' anklingt. Stattdessen reflektiert es Sequenzen aus dem Kunstunterricht im Spannungsfeld von Präsenz und Absenz. Mit diesem in Abgrenzung zu Krommer und Wampfler gewählten antagonistischen Begriffspaar wird zweierlei apostrophiert. Mit Präsenz wird auf die Tatsache angespielt, dass Kunstunterricht durch bildgebende Verfahren grundsätzlich dabei helfen kann, Vorstellungsbilder rund um die Pandemie mindestens partiell zu konkretisieren. Demgegenüber markiert die Rede von Absenz, die Herausforderungen, die das pandemische Geschehen mit Blick auf Bildungsprozesse generiert hat. Diese lassen sich nicht allein durch das Einrichten einer technischen Infrastruktur oder eines ‚didaktischen Schiebereglers' bewältigen. Bildungsprozesse finden, so hat es Ralf Lankau bereits treffend herausgearbeitet, im Bewusstsein eines mit und in der Welt interagierenden Subjekts statt und können allenfalls technisch begleitet werden (vgl. Lankau 2017, S. 25 und passim). Vor dem Hintergrund meiner eigenen Erfahrung als Lehrkraft kann ich außerdem behaupten, dass die wiederholten coronabedingten Schulschließungen und die in der Konsequenz erfolgte Umstellung auf einen onlinebasierten Unterricht gleichsam eine Absenz herbeigeführt haben. Die Rede von Absenz ist hierbei mehrdimensional zu verstehen. Zum einen ist das von den Schulen virtuell bereitgestellte Bildungsangebot strukturell für einige Teile der Bevölkerungsschicht nicht uneingeschränkt verfügbar, da digitale Endgeräte, Software und/oder eine stabile Internetverbindung nicht hinreichend vorhanden sind oder komplett fehlen. Hinzu tritt die Tatsache, dass durch onlinebasiertes Lernen eine Anonymität hergestellt wird, die die Schüler dazu verleitet hat kognitiv und teilweise auch physisch absent zu werden. Zwar ist immer wieder zu lesen, dass das onlinebasierte Lernen zur Selbstständigkeit beitragen würde (vgl. u.a. Krommer/Wampfler 2021), doch im Rahmen der Pandemie hat sich genau dieser verheißungsvolle Nebeneffekt als Chimäre entpuppt. In allen Phasen des Fernunterrichts konnten auch viele meiner Kollegen wiederholt beobachten, dass sich insbesondere jene Schüler, die keine zusätzliche häusliche und damit interpersonale Unterstützung erhalten haben, zurückgezogen und bisweilen die Mitarbeit komplett eingestellt haben. Dieser Rückzug ging im schlimmsten Fall mit einer gleichzeitig ausbleibenden Erreichbarkeit einher. Darüber hinaus ist das historische Ereignis der Corona-Krise bei einigen Schülern ausgerechnet auf die biographisch ebenfalls krisenhaft determinierte Zeit der Adoleszenz gefallen. Dies ist besonders heikel, da aufgrund der Pandemie nicht nur die Mobilität im Allgemeinen eingeschränkt ist. Auch die Möglichkeiten sich räumlich von den Eltern zu distanzieren, um die für diese Lebensphase so wichtige Ablösung zu vollziehen, konnte bzw. kann nur unter erschwerten Bedingungen stattfinden. Das entdecken sexueller Identitäten, das Spiel mit Normen und Tabus und vieles andere mehr ist bzw. war für die Pubertierenden nur noch eingeschränkt möglich.

Insgesamt reichen die hier gelisteten Absenz-Aspekte von Fragen der technischen Partizipationsmöglichkeiten über die Kontaktarmut zur Peer-Group bis hin zu psychosozialen Entwicklungsfragen. Dabei kann keiner dieser Gesichtspunkte isoliert für sich betrachtet werden. Im Gegenteil, sie sind alle eng miteinander verzweigt und verwoben. Die benannten Aspekte spiegeln die verschiedenen Dimensionen von Absenz wider, die letztlich auch dazu beigetragen haben, dass hier keine vollständigen Klassensätze abgebildet werden können. Die hier zur Betrachtung und Analyse stehenden Bildkonvolute sind, wie oben bereits beschrieben, fragmentarisch. Die nachstehenden qualitativen Betrachtungen bleiben notwendigerweise heuristisch und nähern sich lediglich exemplarisch der Vorstellungswelt und Bildsprache von Schülern in Zeiten der Pandemie an.[24]

---

24 Die Bedeutung eines gestalterischen Weltumgangs in Zeiten der Pandemie zeigt sich vermehrt auch in Form von Online-Ausstellungen mit Werken von Kindern und Jugendlichen. Die in München ansässige Internationale Jugendbibliothek lancierte beispielsweise im Zuge der ersten Welle eine Aktion mit dem Appell: „I-solation. Kinder malt euch!". Die zahlreichen internationalen Zusendungen wurden von der Bibliothek online erfasst und sind unter folgendem Link abrufbar: https://www.ijb.de/digitale-aktionen/corona-selbstportraits [zuletzt geprüft am 24.04.21]. Auch das Institut für Kunst der Pädagogischen Hochschule Karlsruhe startete unter dem Titel „Alles anders" eine Kunst-Aktion. Die Einsendungen wurden vom selbigen Institut kuratiert und sind in einer Bildgalerie unter folgendem Link einsehbar: https://www.ph-karlsruhe.de/projekte/kunst-mitmach-aktion [zuletzt geprüft am 24.04.21]. Man muss es an dieser Stelle aber bei diesen bloßen Hinweisen und Links bewenden lassen. Denn zum einen sind die Entstehungskontexte dieser online präsentierten Werke nicht immer eindeutig rekonstruierbar und zum anderen variieren das Alter und die Gestaltungstechniken so, dass eine systematische Erschließung bzw. Auswertung der zutage tretenden Corona-Bildwelten nicht möglich ist.

3.1 Bildkonvolut 1: Kampf dem Corona-Geist. Sechstklässler zeichnen einen Comic

Im Zentrum dieses ersten Bildkonvolut steht die ästhetische Praxis des Comiczeichnens. Hierbei wird sich zeigen, inwieweit das Erstellen kurzer narrativer Sequenzen gleichsam eine welterzeugende und -erklärende Funktion übernehmen kann.

3.1.1 Unterrichtssetting: Vom Bildimpuls zum Comic

Während sich die oben besprochene Mitmach-Aktion rund um den Regenbogen primär an Kinder im Vorschul- und Grundschulalter richtete, bedurfte es für die älteren Schulkinder komplexerer Gestaltungsaufgaben. Kunstlehrende standen im Bereich der Sekundarstufe im Zuge der ersten Corona-Welle im Frühjahr 2020 kurzfristig vor der Herausforderung, Aufgabenstellungen für den Fernunterricht zu konzipieren. Wie eine solche Konzeption aussehen kann, möchte ich im Folgenden anhand eines von mir für die Unterrichtsphase bereitgestellten Arbeitsauftrags für eine sechste Gesamtschulklasse beleuchten.

Um einen sinnvolle und motivierende Gestaltungsauftrag zu erstellen, erachtete ich zwei Vorüberlegungen als handlungsleitend. Es sollte gestalterisch an das zuvor Erlernte angeknüpft werden, um eine Überforderung zu vermeiden. Zudem schien es mir – mehr denn je – wichtig, einen direkten Gegenwarts- und Lebensweltbezug herzustellen. Die Schüler sollten die Möglichkeit erhalten, eigene Erfahrungen mit der Pandemie mitzuteilen und zu reflektieren. Vor diesem Hintergrund ergab es sich, dass die Schüler anknüpfend an die vor der Schulschließung erarbeiteten Merkmale von Vorher-Nachher-Bildgeschichten einen Corona-Comic zeichnen sollten.

Für die Erarbeitung eines solchen Comics wurden den Schülern zwei Bildimpulse bereitgestellt. Der erste davon zeigt einen Mann, der ein Mädchen und einen Jungen vor dem Corona-Virus in Gestalt eines Geistes verteidigt bzw. beschützt (vgl. Abb. 29, mittleres Panel). Auf dem zweiten Bildimpuls ist dieselbe Figurenkonstellation zu sehen. Im Unterschied zum ersten Bildimpuls ist bei der zweiten Version zusätzlich noch ein Vorgarten dargestellt und somit ein konkreter Handlungsort gegeben (vgl. Abb. 25, zweites Panel). Es ist naheliegend, die dargestellte Figurenkonstellation als eine Familie zu identifizieren. Der Vater ist im Begriff, einen Schwertkampf mit dem Geist aufzunehmen. Diesem Schwertkampf wohnen die Kinder bangend bei. Im Anschluss an die Betrachtung des Bildimpulses bekamen die Schüler den Auftrag, einen Comic mit drei bis maximal fünf Bildfeldern (Panels) zu zeichnen, wobei der Bildimpuls in den eigenen Comic integriert werden durfte, jedoch nicht musste. Die Lernenden sollten also den im Bildimpuls gezeigten Kampf mit dem Corona-Geist als Comic auserzählen und im Zuge dessen darüber nachdenken, auf was sie sich freuen, sobald der Geist besiegt ist.

Zur Gestaltung des Bildimpulses lässt sich anmerken, dass hier einerseits die Morphologie des Virus' aufgegriffen wurde (vgl. Abb. 1) und andererseits das Virus als Gespenst bzw. Geist personifiziert wurde. Die Entscheidung für diese Personifizierung hatte verschiedene Gründe. Mit der Figur des Geistes wurde der in der Einführung angesprochene Aspekt der Latenz in eine für Kinder nachvollziehbare und verhandelbare Gestalt überführt. Außerdem sollte die Geisterfigur die Sechstklässler auf direkte Weise zum Fantasieren bzw. Fabulieren anregen. Indem der Bildimpuls also die gegenwärtige Situation in einen märchenhaften Kontext transferierte, war den Kindern eine Hilfe gegeben, das eigene emotionale Befinden zu verarbeiten und zu strukturieren. Die Geistergestalt bekräftigte die Schüler, fantasiegeleitete Hypothesen zur gegenwärtigen Situation zu entwickeln – ohne dabei scharf zwischen Wahrheit und Wirklichkeit trennen zu müssen (vgl. hierzu analog Spinner 2003[25]).

Zur Lernausgangslage sei erwähnt, dass die Kinder im vorausgehenden Präsenzunterricht bereits lernten, dass eine Vorher-Nachher-Bildgeschichte nur dann für andere lesbar ist, wenn im Nachher-Bild Figuren und/oder Gegenstände aus dem Vorher-Bild in (leicht) modifizierter Art wiedererscheinen, sodass durch vergleichendes Sehen beide Bilder narrativ miteinander verknüpft werden können (vgl. Grünewald 1996, S. 106). Für den Corona-Comic wurde die Komplexität leicht gesteigert. Die Kinder mussten das Prinzip von Wiederholung und Modifikation auf mehrere Bilder ausweiten. Mit den zur

---

25 Die literaturdidaktische Diskussion um das Lesealter bot im vorliegenden Fall einen Orientierungsrahmen für die kunstpädagogischen Überlegungen und Entscheidungen. So findet man bei Spinner Hinweise darauf, dass Märchen nicht nur in der Primarstufe entwicklungsmäßig relevant sind; sie werden in der Regel auch in der Erprobungs- bzw. Orientierungsstufe der weiterführenden Schulen nochmal im Deutschunterricht aufgegriffen und unter anderem in komplexen handlungs- und produktionsorientierten Formaten reflektiert.

Wahl stehenden Bildimpulsen war den Sechstklässlern gerade im Rahmen des Fernunterrichts eine wichtige Orientierung gegeben: Ihnen lag eine Zeichen- und Vorstellungshilfe vor, die mittelbar auch zur Binnendifferenzierung beigetragen hat. Die Schüler konnten je nach Zeichenfertigkeit und Ideenreichtum selbständig entscheiden, ob sie den Impuls mit oder ohne Kulisse aufgreifen und weiterentwickeln wollten. Weiter stand ihnen frei, ob sie den vorgegebenen Impuls in ihren Comic integrieren oder sich davon ausgehend eine eigene Geschichte ausdenken. Dass im Grunde alle Varianten in der Praxis Anwendung fanden, zeigen die Arbeitsergebnisse (vgl. Abb. 24–30).

3.1.2 Arbeitsergebnisse: Leerstellen als narrative Knotenpunkte und das Wetter als Projektionsfläche

Mit Blick auf die Aufgabenstellung, die nicht nur die Pandemie vergegenwärtigte, sondern die Schüler dazu aufforderte, das Ende der Pandemie zu antizipieren, lässt sich eine altersgemäße Komplexität ausmachen, die bildnerisch und inhaltlich sehr unterschiedlich gelöst wurde. Es sind ausgehend vom Bildimpuls variantenreiche Comics entstanden. Die Schüler haben sich das Vorgegebene auf unterschiedliche Weise anverwandelt. Um eine systematische Vergleichbarkeit zu erreichen, erfolgt die Analyse der Arbeitsergebnisse zunächst in zwei separaten Blöcken: Zuerst werden Comics mit drei Panels und danach Comics mit vier Panels besprochen. Für diese Besprechung sind die realen Schülernamen durch Pseudonyme ersetzt worden.

Die folgenden Analysen widmen sich insbesondere der inhaltlichen Erschließung der Comics, wobei im Zuge dessen die von den Schülern gesetzten Leerstellen eine wichtige Rolle spielen. Die rezeptionsästhetischen Betrachtungen im zweiten Teil dieser Abhandlung haben den Leerstellenbegriff bereits beansprucht und erläutert (vgl. Teil II. 2.3 Blick- und Betrachterlenkung). Doch dabei handelte es sich ausschließlich um Leerstellen innerhalb eines Bildes. Im vorliegenden Fall bedarf es einer Erweiterung des rezeptionsästhetischen Instrumentariums. Neben den im vorausgehenden Arbeitsteil bereits besprochenen ‚inneren Leerstellen' gibt es auch ‚äußere'. Diese ‚äußeren Leerstellen' liegen insbesondere bei Comics vor; sie beziehen sich auf die Verbindung außerlich separierter Bildfelder (vgl. Schneider 2019, 87ff.). Äußere Leerstellen formen zeitliche Intervalle und sind maßgeblich daran beteiligt, inwieweit die im Comic dargestellte Narration für den Rezipierenden verständlich ist. Da in den vorliegenden Fällen jeweils eine sehr gut zu überschauende Anzahl an Bildern vorliegt, mussten die Schüler die Intervalle sorgfältig wählen. Wie und ob sie diese Herausforderung gemeistert haben, wird zu prüfen sein. Denn zu große Zeitsprünge laufen Gefahr, den Erzählfluss zum Stillstand zu bringen. Mit anderen Worten: Das bildnerische Inventar (Figurenkonstellation, räumliche Ordnung, …) zwischen den Einzelbildern darf nur minimal variieren, da sonst inhaltliche Inkohärenzen entstehen können (vgl. Kemp 1989, S. 73).

Comics mit drei Panels
Betrachtet man die Corona-Comics, die nur drei Panels umfassen, lassen sich bereits bei dieser geringen Anzahl an Panels unterschiedliche Elaborationsgrade und Herangehensweisen feststellen.

Benni hat den Bildimpuls ohne Kulisse mittig in seinen Comic integriert und links hinter der Figurengruppe ein Hochhaus ergänzt (vgl. Abb. 24). Weiter schweben über den Figuren zwei graue Wolken. Indem er im ersten Panel einen Innenraum mit einer Türöffnung bzw. einem Durchgang und einem Fenster gezeichnet hat, visualisiert er die Ursache für die im Bildimpuls dargestellte Kampfszene. Denn der Vater steht erschrocken in der Tür, während der Geist – begleitet von den grauen Wolken – zum Fenster hineinlugt. Im dritten Panel folgt schließlich die Auflösung. Der Vater hat die Geisterfigur zu Boden gezwungen und besiegt. Die Kinder heben freudvoll die Hände und die strahlende Sonne taucht am rechten Bildrand auf.

Indem Benni in seinem Comic also Innen- und Außenraumansichten auf ausgeklügelte Weise aufeinander bezieht, generiert er sinnvolle Leerstellen, die die einzelnen Panels bedingungshaft miteinander verknüpfen. Darüber hinaus dient ihm das Wetter als Projektionsfläche. Das Auftauchen des Corona-Geistes wird bereits im ersten Panel von grau schattierten Gewitterwolken begleitet. Die anthropomorphisierte Sonne am Ende bildet dann im Vergleich zu der räumlichen Verschachtelung einen verhältnismäßig simples Hoffnungs- und Siegessymbol (vgl. hierzu Reiß 1996, S. 65).

Betrachtet man im Anschluss hieran Jos Comic (vgl. Abb. 25), lässt sich feststellen, dass er – genau wie Benni – den Bildimpuls ohne Kulisse aufgegriffen und mittig platziert hat. Im Unterschied zu Benni hat er den Bildimpuls aber

1:1 übernommen und nicht durch weitere ortspezifische Angaben ausdifferenziert. Das erste, dem Bildimpuls vorgelagerte Panel zeigt die beiden Kinder beim Ballspiel, wobei der lediglich mit Umrisslinien gezeichnete Corona-Geist – möglicherweise unsichtbar – neben den Kindern schwebt. Im letzten Panel ist der Corona Geist dann verschwunden bzw. er wurde durch einen kleinen schwarzen Kreis ersetzt, neben welchem noch ein winzig kleiner Viruspartikel mit seinen charakteristischen *Spikes* schwebt. Darüber hinaus sieht man die Kinder und eine weitere Figur wieder beim Ballspiel. Diese dritte, zwischen den Kindern platzierte Figur ist vermutlich der Vater, der hier nun ohne Cape wiedergegeben wurde. Das Besondere an dieser finalen Ballspielszene ist das Wetter: Während einerseits der Geist schwindet, taucht hinter einer Wolke die Sonne auf. Gerade in der Darstellung dieser hinter einer Wolke erscheinenden Sonne wird die narrative Diskontinuität in Jos Comic deutlich. Man kann der von Jo dargestellten Narration nur schwer folgen, da die Leerstellen zwischen den Panels sehr weit gefasst sind. Aus diesem Grund lässt sich sein Comic in Anlehnung an Siegfried Levinstein auch als ‚fragmentarisch' einschätzen (vgl. Levinstein 1905, S. 30ff.). Diese Fragmentarität wird besonders in der abrupten Thematisierung des Wetters am Ende seines Comics evident. Im letzten Panel erscheint die Sonne begleitet von zwei Wolken und kündigt schönes Wetter an. Diese Ankündigung bleibt notwendigerweise bruchstückhaft, weil sie nicht in direktem Zusammenhang zu dem zuvor Gezeichneten steht. Die Bilder lassen sich zwar imaginativ verknüpfen, bleiben jedoch in diesen Verknüpfungen gleichzeitig kontingent.

Im Unterschied zu Benni und Jo hat sich Leon in seiner Variante des Corona-Comics am weitesten vom Bildimpuls entfernt (vgl. Abb. 26). Er hat die auf dem Bildimpuls dargestellte Situation modifiziert. Bei ihm sind keine Kinder mehr dargestellt, die von ihrem Vater beschützt werden. Stattdessen sieht man im ersten Panel, wie das Erscheinen des Corona-Geistes mit einem Gewitter einhergeht. Genau genommen verursacht der Geist dieses Gewitter, woraufhin eine Figur in Not gerät: Diese Figur liegt bzw. sitzt am Boden und ruft um Hilfe, weshalb eine zweite Figur mit einem Schwert herbeieilt. Die zur Hilfe eilende Figur hält den Geist mit ihrem Schwert in Schach, sodass dem Geist im zweiten Panel langsam die Puste ausgeht. Im dritten Panel verlässt der Geist geschafft den Bildraum. Der Sieg über den Corona-Geist wird durch einen Regenbogen besiegelt. Leon hat – genau wie Benni – die zeitlichen Übergänge zwischen den Panels so gewählt, dass Kohärenz entsteht und der Rezipierende eine narrative Sukzession „von Handlung zu Handlung" (Mc Cloud 2001, S. 78) mitvollziehen kann.

Die vorliegenden je drei Panels umfassenden Comics haben gemeinsam, dass sie alle den Kampf gegen den Corona-Geist mit einem Unwetter parallelisierten und das Ende der Pandemie mit einer Wetterverbesserung gleichsetzten: Hierbei bedienten sich die Sechstklässler, neben der Sonne (vgl. Abb. 24, 25), auch des oben bereits ausführlich besprochenen Regenbogens (vgl. Abb. 26). Das (wechselnde) Wetter erfüllt hier einen doppelten Zweck. Es hat zum einen dramaturgische Funktion. Zum anderen spiegelt es – insbesondere mit Blick auf Bennis anthropomorphisierte Sonne (vgl. Abb. 24) – das kindliche Befinden wider (vgl. hierzu Schuster 2015, S. 88). Der Rückgriff auf das Wetter, wie er in den hier besprochenen Ergebnissen sichtbar wird, hat sich auch in den Comics mit vier Panels wiederholt (vgl. auch Abb. 27).

Comics mit vier Panels

Die Schülerarbeiten mit vier Bildfeldern haben alle den Bildimpuls aufgegriffen, der neben der Figurenkonstellation auch einen Handlungsort vorschlägt. Entsprechend spielt die Handlung in allen vier Comics im Vorgarten einer Reihenhaussiedlung. Helena (Abb. 28) und Jonas (Abb. 29) haben den Bildimpuls als Startpunkt gewählt, wohingegen Lilian (Abb. 27) und Yaren (Abb. 30) ihn an zweiter Stelle platziert haben. Sowohl Lilian als auch Yaren haben dem Bildimpuls eine Exposition vorangestellt. Während Lilian zeigt, wie die Kinder allein im Vorgarten stehend vom Geist überrascht werden und um Hilfe rufen, wird den Rezipierenden bei Yaren in der Manier eines *Establishing Shot*s zunächst ein Überblick über die Figuren und den Ort gegeben. Im dritten Bild zeigen schließlich beide, wie der Corona-Geist von dem inzwischen herbeigeilten Vater besiegt wird. Den Sieg über den Geist haben die beiden jeweils anders umgesetzt. Bei Lilian liegt der Geist erstochen am Boden. Im Folgepanel sieht man dann die drei Kinder beim Spielen im Vorgarten, wobei die Sonne (wieder) scheint. Lilian macht durch das Hinzutreten eines weiteren Kindes deutlich, dass es keine Kontaktbeschränkung mehr gibt und man die Nachbarn bzw. Freunde wieder treffen kann. Demgegenüber hat Yaren den Sieg über den

Corona-Geist etwas anders dargestellt. Bei ihr kann der Rezipierende anhand von Bewegungsstrichen nachvollziehen, wie der Vater den Geist seiner Waffe entledigt. Die im vierten Panel dargestellte Umarmung zwischen dem Vater und seinen Kindern sowie das durchgestrichene Wort „Corona" deuten darauf hin, dass das Angriffsmanöver im vorausgehenden Bildfeld erfolgreich war und der Geist besiegt worden ist. Hierbei ist zu bemerken, dass der Mantel des Vaters bei dieser Umarmung als schützendes bzw. schutzgebendes Kleidungsstück fungiert. Yaren hat sich hier auf intuitive Weise die Schutzmantelikonografie zu eigen gemacht.

Betrachtet man im Vergleich hierzu Helenas Comic, lässt sich ein ähnlicher Handlungsverlauf wie bei Lilian und Yaren feststellen. Im Unterschied zu Lilian und Yaren hat sie allerdings auf eine Exposition verzichtet (vgl. Abb. 28). Die Handlung setzt direkt mit dem Bildimpuls ein und der Kampf selbst wird etwas ausführlicher dargestellt. Wie bereits bei Lilian ersticht bei ihr der Vater ebenfalls den Geist. Im Unterschied zu Lilian liegt der erstochene Geist aber nicht am Boden, sondern löst sich in Luft auf. Sie besiegelt dann – wie Yaren – den Sieg über den Corona-Geist mit einer Umarmung. Dabei beschränkt sie diese Umarmung – im Unterschied zu Yaren – auf die Kinder.

Innerhalb der von den Schülern geschaffenen Comics mit vier Bildfeldern sticht Jonas hervor. Er hat den Bildimpuls – wie Helena – an erster Stelle platziert, ohne jedoch das darauf Dargestellte im weiteren Verlauf zu vertiefen. Er geht im zweiten Panel dazu über, den Schwertkampf infrage zu stellen. Er rückt außerdem die familiale Figurenkonstellation des Bildimpulses in den Hintergrund. In den Panels, die dem Bildimpuls folgen, erscheint lediglich die erwachsene Figur mit dem Umhang im Mittelpunkt. Diese unterbricht im zweiten Bildfeld den Schwertkampf, indem sie begleitet von einem Ausrufezeichen den Arm hebt. Offensichtlich hat sie einen Einfall. Der Geist reagiert darauf mit einem Fragezeichen; er ist sichtlich verwirrt. Im dritten Panel sieht man dann, wie der Mann im Umhang beim Kampf gegen den Geist die Taktik geändert hat. Anstatt eines Schwertes hat er nun eine Sprühflasche, in der sich vermutlich Desinfektionsmittel befindet, in der Hand und geht entschieden auf den Geist zu. Im letzten Panel zeigt die Sprühflaschenattacke ihre Wirkung, denn der Geist flieht. Der Mann reißt freudig die Arme nach oben, wobei gleichzeitig eine Denkblase mit einer Insel erscheint. Die Übergänge bzw. inhaltlichen Sprünge zwischen den einzelnen Panels sind bei Jonas sehr weit gefasst, sodass die Imaginationsleistung, die Jonas von den Rezipierenden verlangt, maximal ausgereizt wird. Würde man den situativen Kontext der Pandemie nicht kennen, hätte man sicherlich Mühe, die Bilderzählung richtig lesen zu können. Hinzukommt, dass die Insel in der Denkblase nicht als Exil für den Geist gedacht ist. Im gemeinsamen Gespräch über den Comic hat Jonas erläutert, dass die Insel in der Gedankenblase darauf hinweisen solle, dass man, nachdem der Corona-Geist verschwunden sei, wieder ohne Einschränkungen Urlaub machen könne. Diese Botschaft erschließt sich den Rezipierenden jedoch aus dem im Comic bereitgestellten Rezeptionsangebot nicht mehr von selbst.

Zusammenfassung

Betrachtet man die Arbeitsergebnisse im Ganzen fällt auf, dass das Virus in Gestalt eines Geistes nie in den Wohnbereich eindringt und der Kampf gegen das Virus ausnahmslos draußen ausgetragen wird. Dies mag zwar damit zusammenhängen, dass einer der Bildimpulse auch den Vorgarten als Handlungsort vorschlägt. Doch jene Comics, die den Impuls ohne Handlungsort aufgreifen, verlagern den Kampf ebenfalls nicht in den Wohnraum. Weiterhin lässt sich beobachten, dass die Schüler beim Zeichnen fast immer den kämpfenden Erwachsenen bzw. Vater in den Mittelpunkt der Handlung gerückt haben. Es gibt nur wenige Fälle, die hiervon abweichen. Zwei Abweichungen stellen die Comics von Jo und Leon dar. Im Fall von Jo hat die Einzelanalyse bereits aufgezeigt, dass die Gestalt des Vaters nicht dominant in Erscheinung tritt. Stattdessen tauchen in jedem Panel die beiden Kinder auf, sodass sie automatisch als die Protagonisten wahrgenommen werden (vgl. Abb. 25). Leon wiederum löste sich innerhalb der Lerngruppe am weitesten vom Bildimpuls, sodass sein Comic ein hohes Maß an Eigenständigkeit aufweist. Er hat die familiale Figurenkonstellation vollständig aufgelöst und stattdessen zwei komplementäre Figuren eingesetzt, die mit dem Corona-Geist interagieren. Die eine Figur ist passiv und wird vom Geist bedroht wohingegen die andere aktiv ist und den Geist bekämpft (vgl. Abb. 26).

Im Übrigen ist es erstaunlich, dass die Schüler unabhängig voneinander mehrheitlich das Wetter als dramaturgische Mittel eingesetzt haben. Egal ob

Wolken, Wind, Sonne oder Regenbogen, die Comics weisen mal mehr und mal weniger offensichtliche meteorologische Details auf und begleiten bzw. kommentieren auf diese Weise die einzelnen Handlungsschritte. Am Ende steht immer eine Wetterverbesserung oder wie in Helenas Fall ein erfrischender Windstoß (vgl. Abb. 28).

Darüber hinaus haben die Analysen gezeigt, dass die lineare Sequenz, zu der sich die einzelnen Bildfelder der Comics zusammenfügen, nicht immer kohärent ist. Während bei Leon, Helena oder Yaren flüssige Übergänge vorliegen, die von Handlung zu Handlung gleiten, findet man bei Jo und Jonas zwischen den Einzelbildern Übergänge bzw. Leerstellen, die so groß sind, dass es zu narrativen Brüchen und bisweilen sogar zu Verständnisschwierigkeiten kommt.

Aus der Perspektive der Kinderzeichnungsforschung kann man abschließend feststellen, dass die vorliegenden Corona-Comics am Übergang vom kindlichen Zeichnen zum Zeichnen von Jugendlichen anzusiedeln sind. Sowohl im Nebeneinander von komplexen Raumkonstellationen und anthropomorphem Denken bei Benni als auch in der Inanspruchnahme der Schutzmantelsymbolik bei Yaren wird deutlich, dass sich das Ausdrucksrepertoire von der Kinder- zur Jugendzeichnung graduell und sukzessiv ausdifferenziert (vgl. Glas 2003, S. 29f.). Eine gegenseitige, intersubjektive Bereicherung in Bezug auf das Spektrum an Ausdrucks- bzw. Darstellungsmöglichkeiten musste bedingt durch den Fernunterricht leider entfallen.

Abb. 26: Leon (3-Panel-Comic, 11 Jahre)

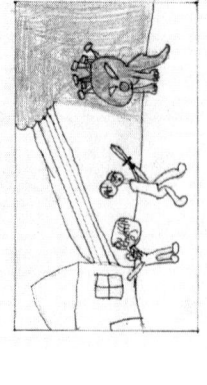

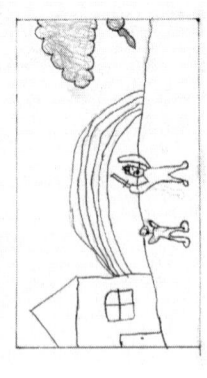

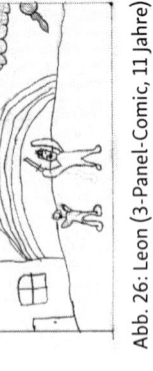

Abb. 25: Jo (3-Panel-Comic, 11 Jahre)

Abb. 24: Benni (3-Panel-Comic, 13 Jahre)

100 © Frank & Timme Verlag für wissenschaftliche Literatur

Abb. 27: Lilian (4-Panel-Comic, 13 Jahre)

Abb. 28: Helena (4-Panel-Comic, 12 Jahre)

Abb. 29: Jonas (4-Panel-Comic, 11 Jahre)

Abb. 30: Yaren (4-Panel-Comic, 12 Jahre)

3.2 Bildkonvolut 2: Neuntklässler gestalten Selbstporträts mit fiktiver Schutzmaske

Thematisch geht es in diesem zweiten Bildkonvolut um Selbstporträts. Dieses Thema ist ein Klassiker des Kunstunterrichts. Dabei stehen inhaltlich und gestalterisch die Fragen „Wer bin ich?" und „Wie sehe ich aus?" im Mittelpunkt (vgl. Sowa/Uhlig 2007). In Anbetracht der Tatsache, dass es im Herbst 2020 zu einer verbindlichen Pflicht wurde, während des Unterrichts eine Schutzmaske zu tragen, konnte zu diesem Zeitpunkt kein herkömmliches Porträt mehr angefertigt werden. Damit also auch in Zeiten einer Pandemie zu diesem Thema praktisch gearbeitet werden kann, wurde das Thema kurzerhand modifiziert bzw. erweitert. Um an einem Selbstporträt zu arbeiten, das weiterhin die eigene Identität im Fokus behält und gleichzeitig die durch die Maske verursachte Anonymisierung produktiv auflöst, beschäftigten sich die Schüler im Rahmen dieser Unterrichtsreihe ergänzend noch mit der Frage: „Wer möchte ich sein?". Diese letzte Frage deutet bereits das spielerische Potential an, welches das Maskieren mit sich bringt. Bevor es nun um das genauere Unterrichtssetting und die Arbeitsergebnisse geht, folgt zunächst ein kurzer Vorspann, der – ausgehend von sogenannten Internet-Memes – die Situation des Maskierens in Zeiten des Corona-Virus' anschauungsbezogen problematisiert.

3.2.1 Maskierungen im Kontext von Kunst-Memes

Im Zuge des pandemischen Geschehens sind in Sozialen Netzwerken und Medien wiederholt Memes aufgetaucht, die diese Situation kommentieren. Memes werden in den Kulturwissenschaften „als Einheiten *kultureller Informationen* [verstanden], *die von Person zu Person weitergegeben werden, allmählich jedoch das Ausmaß eines gemeinsamen gesellschaftlichen Phänomens annehmen.*" (Shifmann 2014, S 16; Hervorh. im Orig.) Im vorliegenden Fall findet diese Weitergabe kultureller Informationen im Internet statt. Die Internet-Memes, um die es hier im Speziellen geht, basieren auf Bildern der westlichen Kunstgeschichtsschreibung. Diese Kunstbilder wurden durch Montageeingriffe und/oder Textkommentare mit der Pandemie in Verbindung gebracht. Aus dieser Verbindung resultiert eine kommunikative Spannung, die sich aus der Überarbeitung oder auch Verfremdung des Ursprungsbildes ergibt. In der Konsequenz kann es, wie die folgenden Beispiele illustrieren, zu einer für Memes typischen humoristisch-ironischen Zuspitzung kommen (vgl. ebd. 63ff.).

Die Fülle und Popularität an Internet-Memes, welche kanonische Werke der westlichen Kunstgeschichtsschreibung im Kontext der Pandemie reflektieren, ist reichhaltig. Für den vorliegenden Zusammenhang werden stellvertretend zwei Memes herausgegriffen, die Werke von René Magritte aufgreifen und im Kontext der Pandemie aktualisieren. Die Entscheidung Magritte heranzuziehen, ergibt sich daraus, dass er ein im Corona-Kontext vielfach beanspruchter Künstler ist. Es hat den Anschein als seien seine surrealen Bildwelten ein Spiegelbild der gleichermaßen surrealen Situation, die die Corona-Pandemie ausgelöst hat. Dies mag daran liegen, dass sowohl in seinen Bildern wie auch in der Pandemie das Maskieren als prominentes Moment erscheint.

Das erste Magritte-Bild, um das es geht, trägt den Titel „Die Liebenden II" (1928). Memes, die „Die Liebenden II" aufgreifen, kommen in der Regel – wie im vorliegenden Beispiel (vgl. Abb. 31) – ohne Eingriffe bzw. Überarbeitungen aus. Das liegt daran, dass das dargestellte Bildpersonal bereits eindeutig maskiert ist. Magrittes Bild zeigt zwei einander zugewandte, zum Kuss anset-

Abb. 31: Dating during the pandemic (Meme zu Magrittes „Die Liebenden II" von 1928)

Abb. 32: Magritte in times of Corona (Meme zu Magrittes „Der Sohne des Mannes" von 1964)

zende Figuren deren Köpfe von einem Tuch umhüllt sind. Im vorliegenden Meme wurde Magrittes Bildszene mit den Worten „Dating during the pandemic be like" eingeleitet und damit gleichzeitig aktualisiert haben. In der Kombination von Bild und Text wird an dieser Stelle nicht nur die Maskenpflicht zur Eindämmung des Virus zugespitzt, es werden gleichsam auch die zwischenmenschlichen Entbehrungen sichtbar gemacht, die das Tragen einer Schutzmaske mit sich bringt. Diesbezüglich lässt sich eine von Willy Rotzler bereits in den 1970er-Jahren getroffen Aussage zum Magritte-Bild erneuern: „[D]as Brustbild eines sich küssenden Paares, bei dem die Köpfe in Tücher gehüllt sind und dadurch sowohl entpersönlicht wie an einer wirklichen Berührung gehindert sind, ist ein besonders typisches Beispiel für die isolierende Funktion der Verhüllung." (Rotzler 1975, S. 72)

Vernachlässigt man das im Meme angesprochene Dating sowie das dem Magritte-Bild eingeschriebene partnerschaftlichen Moment, lässt sich konstatieren, dass die von Rotzler herausgestellte Isolation ein die Corona-Pandemie maßgeblich prägendes Gefühl anspricht. Verhüllungen bzw. die Mimik neutralisierende Maskierungen führen in Zeiten der Pandemie und speziell in Kontexten sozialen Miteinanders eine Anonymisierung und Vereinzelung herbei. Dieser Tatbestand wiederholt sich auf ähnliche Weise bei Memes, die Magrittes „Der Sohn des Menschen" (1964) aufgreifen. Im Unterschied zu den Liebenden liegt bei „Der Sohn des Menschen" kein Figurenpaar vor, sondern lediglich eine zum Betrachter gerichtete Einzelfigur. Das Magritte-Bild wie auch das vorliegende in Anlehnung daran gestaltete Meme (vgl. Abb. 32) zeigt einen Mann, der einen halblangen, schwarzen Mantel trägt. Mit der ebenfalls schwarzen Melone auf dem Kopf steht er aufrecht vor einem blauen Gewässer. Doch während bei Magritte ein grüner Apfel mit grünen Blättern schwerelos vor dem Gesicht des Mannes schwebt, wurde im Meme das Obst in eine grüne Mund-Nasen-Bedeckung transformiert. Im Unterschied zum Magritte-Bild erlaubt uns das Meme, Blickkontakt mit der Bildfigur aufzunehmen. Nichtsdestoweniger bleibt hier – genau wie im Originalwerk – das Gesicht partiell verdeckt, sodass man als Betrachter irritiert wird.

Zusammenfassend lässt sich feststellen, dass die Irritation, die die beiden Magritte-Memes auslösen, mit der Ontogenese des Menschen zusammenhängen. Von Geburt an spielt der Gesicht-zu-Gesicht-Kontakt eine elementare

Rolle. Die Ur-Erfahrung von Geborgenheit und Angenommen-Sein entsteht bereits kurz nach der Geburt und differenziert sich dann allmählich aus. Einen wichtigen Schritt bildet hierbei die Mutter-Kind-Beziehung. Sie zeichnet sich dadurch aus, dass die Mutter oder wahlweise auch eine andere dem Kind zugewandte Person auf die Kontakt- und Kommunikationsaufnahmen des Säuglings reagiert, indem sie die Signale des Neugeborenen aufgreift und mimisch widerspiegelt. Dieser Spiegelungsprozess markiert eine erste wichtige Beziehungserfahrung und trägt dazu bei, das menschliche Spiegelneuronensystem zu aktivieren (vgl. Bauer 2012, S 57ff.). Diese frühkindliche Resonanzerfahrung ist wegweisend für alle weiteren zwischenmenschlichen Begegnungen und Erfahrungen – egal ob im privaten oder im öffentlichen Raum.

Blickt man vor diesem Hintergrund zurück auf die durch die Pandemie herbeigeführte Maskenpflicht, lässt sich feststellen, dass gerade in Bereichen des öffentlichen Lebens die seit frühster Kindheit erfahrene und erlernte non-verbalen Kommunikation erheblich beeinträchtigt ist. Die Mimik, die einen wesentlichen Teil der Körpersprache ausmacht, kann allenfalls noch eingeschränkt wahrgenommen werden. Ein wertschätzendes Lächeln oder nach unten zeigende Mundwinkel sind nicht mehr aktiv wahrnehmbar. Ein wesentlich von diesen Einschränkungen betroffener Bereich ist unter anderem die Schule. Denn der Lehr-Lernprozesse lebt von den zwischenmenschlichen Begegnungen und Beziehungen, die durch die Maskenpflicht erheblich eingeschränkt worden sind. Wie man im Kunstunterricht trotzdem produktiv mit dieser Situation umgehen kann, zeigen die weiteren Ausführungen.

3.2.2 Unterrichtssetting: Gestalterische Vergegenwärtigung verdeckter Gesichtspartien

Als es im Herbst 2020 kühler wurde, die Menschen nach drinnen drängten und die Angst vor einer sogenannten zweiten Corona-Welle stieg, sahen sich auch die Kultusministerien zum Handeln gezwungen. So wurde in zahlreichen Bundesländern eine Maskenpflicht während des Unterrichts ab der fünften Klasse eingeführt (Weinzierl 2020, S. 140). Dass diese zweite Welle trotz neuer Schutzmaßnahmen unaufhaltsam auf uns zusteuerte, war zu dem Zeitpunkt, zu dem das folgende Unterrichtvorhaben begann, noch nicht klar: Entsprechend setzt dieses Unterrichtsetting an der Schwelle zwischen Präsenz- und

Fernunterricht an. Bevor dazu übergegangen werden kann, den Unterrichtsverlauf näher darzulegen, erscheint es mir sinnvoll ein paar pädagogische bzw. didaktische Überlegungen voranzustellen.

Pädagogische und didaktische Vorüberlegungen

Zugegebenermaßen erscheint die Idee paradox, mit Schülern in Zeiten, in denen das Tragen einer Mund-Nasen-Bedeckung selbst im Unterricht Pflicht geworden ist, ein Selbstporträt zu erarbeiten. Doch genau in dieser Paradoxie lag zum Zeitpunkt, zu dem diese Unterrichtseinheit für eine neunte Klasse geplant und durchgeführt wurde, ein wichtiges Bildungspotential. Das mittlerweile alltäglich gewordenen Tragen einer Schutzmaske fördert den „Dualismus von Identität und Verkleidung, von Sein und Schein" (Neumann 2008, S. 225) ganz von selbst zutage. Während für Erwachsene dieser Dualismus im alltäglichen Leben keine größere Relevanz besitzt und sich in der Regel in bereits routinierten Abläufen verliert, hat er für Heranwachsende eine weitaus größere Bedeutung; er kann sie dazu einladen, in eine fremde Rolle zu schlüpfen und/ oder durch die Wahl der Maske aufzufallen oder sogar zu provozieren.

Solange die Art der Mund-Nasen-Bedeckung noch nicht behördlich reguliert wurde bzw. solange noch nicht die Pflicht bestand, in der Schule eine medizinische Schutzmaske zu tragen, begegnete man in der Schule einem bunten Mix an unterschiedlich gestalteten Masken. Dieser Mix ergab sich daraus, dass vielerorts Privatpersonen mithilfe von Schnittmustern, die man online finden konnte, Schutzmasken für die ganze Familie herstellten. Gleichzeitig machte sich die Industrie den durch die Maske herbeigeführten Gesichtsverlust zunutze und produzierte Masken, die unter anderem als Merchandise für Fußball- oder Musikfans angeboten wurden. Neben derlei Fanartikeln tauchten außerdem industriell gefertigte Masken auf, die motivisch die verdeckten Gesichtspartien aufgriffen. Man begegnete neben Trompe-l'œils, die in fotografischer Genauigkeit die Nase, den Mund und manchmal den Bart einer fremden Person abbildeten (vgl. Abb. 33), auch comicartigen oder tierischen Motiven. Gerade diese Masken, die motivisch auf den Gesichtsverlust reagierten, bedienten besonders bei jüngeren Menschen die anthropologisch verankerte Sehnsucht nach Verwandlung (vgl. Mayer 2020, S. 27). Sowohl diese Sehnsucht als auch die Tatsache, dass man sich in der Adoleszenz in einer

Phase der Selbstfindung bzw. Identitätssuche befindet, bildeten die zentralen Eckpunkte bei der Unterrichtsplanung. Im Ergebnis wurden die Neuntklässler damit beauftragt ein Selbstporträt mit einer fiktiven Schutzmaske zu erstellen. Fiktiv bedeutete hier, dass die Schüler den durch die Maske verdeckten Teil des Gesichts durch comichafte Äquivalente wieder sichtbar machen sollten. Die Aufgabe verlangte also eine Beschäftigung mit sich selbst und forderte die Jugendlichen gleichzeitig durch das Erfinden einer Schutzmaske mit comichaft stilisierten Gesichtszügen zu einem Rollenwechsel auf. Ziel war es ein „Erkennen des Selbst […] im Fremden" zu ermöglichen, wobei dieses Erkennen zwei Richtungen aufwies: „einerseits […] ein Wiedererkennen sowie andererseits […] die Bereitschaft, […] im Fremden sich selbst neu zu begreifen." (Kirchner 2012, S. 11)

Abb. 33: Schüler mit Schutzmaske, die einen Vollbart und Zigarre zeigt

Der Unterrichtsverlauf in Kürze

Die bereits seit Mai 2020 geltende Maskenpflicht beim Einkaufen oder Bus- und Bahnfahren umspannte ein relativ kurzes und überschaubares Zeitfenster. Außerdem bewegte man sich weitgehend anonym im öffentlichen Raum und musste nur bedingt kommunizieren. Doch seitdem die oben erwähnte Verschärfung der Maskenpflicht auch die Kommunikation mit den Freunden im Schulalltag eingeschränkt hat, spüren die Jugendlichen die coronabedingten Entbehrungen noch stärker. Sowohl im Unterricht als auch in den Pausen ist den Jugendlichen schmerzlich bewusst geworden, was Samy Molcho in seiner Abhandlung über die Körpersprache schreibt: „Wenn wir mit einer anderen Person kommunizieren, fällt unser erster Blick auf das Gesicht. Und da alle Sinneswahrnehmungen im Kopf zusammenlaufen, gibt uns das Gesicht eine Vielfalt von Empfindungen als Information." (Molcho 2003, S. 175)

Um den vorstehend umrissenen Sachverhalt im Kunstunterricht einer neunten Gesamtschulklasse zu problematisieren, begann die Unterrichtseinheit mit einem Bildimpuls. Bei diesem Impuls handelte es sich um ein Bildtableau, das unterschiedliche Maskentypen zeigte – von der medizinischen Maske über transparente Gesichtsvisiere bis hin zu ausgefallenen Designerstücken. Das Tableau lud die Schüler zu einem vergleichenden Sehen ein und bot die Möglichkeit, die Masken gemeinsam zu bewerten und eigene Erfahrungen im Umgang mit der Maskenpflicht zu verbalisieren. Schnell entstand eine Diskussion, die um das Problem der Kommunikationsfähigkeit kreiste. Die Neuntklässler waren sich sofort einig, dass durch nicht-transparenten Maskierungen sowohl die verbale als auch die non-verbale Kommunikation beträchtlich eingeschränkt ist. Zwar könne man noch sprechen und sich gegenseitig hören, dennoch bliebe, so die Lernenden, eine Vielzahl an emotionalen Regungen hinter der Maske verborgen.

Im Anschluss an die Bildbetrachtung wurde die praktische Hauptaufgabe angekündigt, jedoch noch nicht direkt begonnen. Es wurden zuerst einige Zeichenübungen vorangestellt, in denen sich die Schüler mit den Gesichtsproportionen, der Darstellung des eigenen Augenpaars und ganz allgemein mit dem Schraffieren beschäftigten.

Im Anschluss an diese vorbereitenden Übungen folgte die Hauptaufgabe: *Zeichne dich selbst mit einer fiktiven Schutzmaske!* Die Jugendlichen durften also die durch die Maske bedeckte Gesichtspartie als Projektionsfläche nutzen und in eine für sie passende Rolle schlüpfen. Es waren alle Bildmotive erlaubt, sofern sie sich auf das Gesicht als solches bezogen. Ziel war es die verdeckten Gesichtspartien wieder sichtbar werden zu lassen.

Um diese Hauptaufgabe auch gestalterisch erfolgreich zu bewältigen, wurden die Neuntklässler zunächst aufgefordert, eine Vorzeichnung mit Bleistift anzufertigen. Danach schraffierten sie mit Buntstiften die tatsächlich sichtbaren Gesichtspartien, die Haare und das Oberteil. Dabei sollten die Schraffuren so eingesetzt werden, dass durch Überlagern einzelner Striche unterschiedlicher Tonwerte entstehen, die den Haaren, dem Hals und den unverdeckten Gesichtsteilen Lebendigkeit und Plastizität verleihen. Ganz am Ende wurde dann mit Deckfarben flächig die Maske gestaltet.

Die im Präsenzunterricht begonnene Arbeit am Selbstporträt wurde zuerst durch Quarantänefälle und später durch die bundesweite Schulschließung im Zuge der zweiten Corona-Welle unterbrochen. Infolgedessen erfolgte bei allen Schülern die Gestaltung der Maske mit Deckfarben nach den Weihnachtsferien im Fernunterricht. Zur Anleitung dieses letzten praktischen Arbeitsschrittes wurden den Jugendlichen kleine Tutorials online zur Verfügung gestellt. Dass diese Tutorials ebenso wie das persönliche Feedback durch die Lehrkraft je unterschiedlich in Anspruch genommen wurden, deutet sich auch in den Ergebnissen an. Vergleicht man die hier zusammengestellten Schülerarbeiten (vgl. Abb. 34–42) erkennt man graduelle Unterschiede in der Ausarbeitung der Mund-Nasen-Bedeckung – dazu weiter unten mehr.

3.2.3 Arbeitsergebnisse: Zähne zeigen!

Bereits bei oberflächlicher Betrachtung der vorliegenden Arbeitsergebnisse (vgl. Abb. 34–42) fällt auf, dass ausgesprochen individuelle Selbstporträts entstanden sind. Ein genauerer Blick auf die Porträts soll zeigen, wie sich die Neuntklässler genau dargestellt haben.

Auf Seite 115 sieht man links oben das Porträt einer Schülerin mit langen schwarzen Haaren (Abb. 34). Sie trägt einen hellgrauen Kapuzenpullover und hat sich für eine schwarze Schutzmaske entschieden, in deren Mittelpunkt ein geöffneter Mund mit Vampirzähnen steht. Die rote Farbe der Lippen wurde im Hintergrund wieder aufgegriffen und auch das Schwarz der Maske wiederholt sich in den Haaren, sodass sich die gezeichneten bzw. schraffierten Bildanteile harmonisch mit den gemalten verbinden. In der daneben befindlichen Selbstdarstellung kann man einen braunhaarigen Jungen erkennen, der ebenfalls eine schwarze Maske trägt (Abb. 35). Der auf der Maske dargestellte Mund deutet einen gellenden Schrei an, denn die O-Form des Mundes gibt den Blick auf das Halszäpfchen frei. Dort befindet sich auch das optische Zentrum des Bildes. Das Selbstporträt darunter zeigt einen Jungen mit weitgeöffneten blauen Augen (Abb. 36). Mit seinem wachen Blick schaut er auf den Betrachtenden. Bei der Maske hat er sich für ein Clowngesicht entschieden. Dies erkennt man insbesondere an der runden roten Nase. Der rote und vermutlich weit offenstehende Mund erscheint noch unfertig. Es bleibt den Betrachtenden überlassen, ob sie in die rote Fläche des Mundes ein freundliches oder eher abschreckendes Lachen projizieren. Optisch wird die im Komplementärkontrast angelegte Maske einerseits durch das Augenpaar und andererseits durch die beiden Linien, die sich aus dem Kordelzug des Pullovers ergeben, gestützt und gerahmt.

Auf Seite 116 folgen drei weitere Porträts. Man sieht links das Selbstporträt eines blonden Mädchens (Abb. 37). Ihre Haare sind zu einem Pony frisiert und sie trägt eine Brille. Die Mund-Nasen-Bedeckung zeigt, so weist es die Schülerin selbst in ihrem Reflexionstext aus, ein zähnefletschendes Haifischmaul. Die scharfen weißen Zähne stechen in Kombination mit dem Schwarz und Rot gefärbten Rachen besonders ins Auge. Die Form der Zähne wie auch die Farbwahl im Bereich des Gesichts treten im Vergleich zum flächig angelegten grauen Pullover besonders hervor und sprechen den Betrachter affektiv an. Im daneben abgebildeten Fall begegnet man erneut einem zähnefletschenden Maul (Abb. 38). Doch im Unterschied zum vorherigen Bildbeispiel kann man hier keinen Bezug zu einem Tier herstellen. Die umgekehrte U-Form der Mundöffnung wird von einer feinen blauen Umrisslinie begleitet – möglicherweise sind es die Lippen. Der hinter den Zähnen liegende Rachenraum ist rot gefärbt. In Kombination mit der schwarzen Fläche des Maskenstoffes hat der Schüler ebenfalls eine Bilddetail geschaffen, das den Betrachter affektiv anspricht. Denn die nach unten weisenden Mundwinkel wirken in Verbindung mit den scharfen Zähnen überaus gefährlich. Weitet man das Blickfeld und betrachtet das Selbstporträt des Jungen als Ganzes, fällt auf, dass sich das Schwarz beim Brillengestell und den zum Seitenscheitel frisierten Haare wiederholt und so einen kompositorischen Gleichklang erzeugt. Die Maske sticht zwar sofort ins Auge; sie wird aber durch die benannten schwarzen Bildzonen in eine kompositorische Balance versetzt. Auch im letzten Porträt auf dieser Seite blickt man auf eine schwarze Maske mit weißen, scharfen Zähnen (Abb. 39). Das dargestellte Gebiss unterscheidet sich von den vorherigen Masken dadurch, dass es zwischen jedem Zahn eine Lücke gibt. Zudem treten oben und unten je zwei scharfe Reißzähne hervor, die an einen Werwolf denken lassen. Darüber hinaus trägt der Junge einen grauen Pullover. Indem der Schüler den Schulterbereich durch einen dunkleren Grauton abgesetzt hat, entsteht eine kompositorische Klammer um die Maske.

Wechselt man schließlich auf Seite 117 stößt man links oben auf eine Mund-Nasen-Bedeckung, die die Physiognomie eines Affen wiedergibt (Abb. 40). Am äußeren Rand der Maske hat der Schüler mit Deckfarben ein dunkelbraunes Fell gemalt. In der Mitte der Maske hat er eine helle, unbehaarte Mundpartie abgebildet. Durch den in der Folge entstehenden Hell-Dunkel-Kontrast wird die Aufmerksamkeit auf den geöffneten und freundlich wirkenden Mund gelenkt. Durch das Blau des Kapuzenpullovers und die ins Orange tendierende Hautfarbe im Bereich der Augen und der Stirn ergibt sich ein Komplementärkontrast, der die Maske rahmt. Das Selbstporträt rechts davon zeigt ein Mädchen mit halblangen, leicht gelockten Haaren (Abb. 41). Dieses Porträt fällt innerhalb des Konvoluts in mehrerlei Hinsicht auf. Die Schülerin hat jeden Zentimeter des Zeichenpapiers ausgestaltet und auf diese Weise eine innerhalb der Klasse sehr eigenständige Bildsprache entwickelt. Dadurch dass sie die hellrote vertikale Parallelschraffur, die sie im Hintergrund verwendet hat, ebenfalls zur Darstellung des Pullovers herangezogen hat, ergibt sich eine formale Ebenmäßigkeit. Mit anderen Worten: diese Ebenmäßigkeit sorgt dafür, dass die besagten Bildpartien ausgesprochen flächig wirken. Doch diese Flächigkeit gilt nur für den Hintergrund und Oberkörper. Die lockeren Striche, die mal mehr und mal weniger deutlich einzelne Haare wiedergeben, erzeugen demgegenüber Plastizität und Volumen. Dazu deutet die Schülerin im Gesicht durch die partielle Verdichtung der Schraffuren Licht und Schatten an. Mund und Nase verdeckt eine schwarze Maske. Auf dieser Maske hat die Schülerin einen Mund angedeutet. Es ist nicht mehr als eine Andeutung, da die Lippen fehlen. Man sieht lediglich die obere Zahnreihe, die die Schülerin mithilfe eines weißen Strichs angedeutet hat. Dazu kommt die Zunge, die links aus dem angedeuteten Mund hängt. Zum Schluss fällt noch die Kette mit dem Kreuzanhänger auf. Sie erscheint als persönliches Attribut, das gewissermaßen dem durch die Maske herbeigeführten Individualitätsverlust entgegenwirkt. Unten auf der Seite ist das letzte Selbstporträt dieses Konvoluts abgebildet. Darauf sieht man einen Jungen mit kurzen braunen Haaren und einer roten Brille (Abb. 42). Seine Maske zeigt eine mechanische Physiognomie. Die mechanischen, ineinandergreifenden grauen Teile ähneln einer Sauerstoffmaske und sorgen dafür, dass die verdeckten Gesichtsteile weiterhin verborgen bleiben. Am äußeren Rand der Maske verläuft eine u-förmige gelbe Linie, die das mechanische, an einen Roboter erinnernde Gebilde über Mund und Nase rahmt. Indem der Schüler diesen Gelbton bei der Wiedergabe seines Oberteils erneut aufgegriffen hat, hat er eine farbliche Rhythmisierung erzeugt. Diese Rhythmisierung ist überaus ausgeklügelt, denn der Gelbton taucht nicht nur in den plan schraffierten Ärmeln des Oberteils auf, sondern auch in Form eines kleinen Logos, das mittig auf der Brust des Jungens sitzt. Es zeigt das Gesicht eines Cyborgs und verortet – wie man dem Reflexionstext des Schülers entnehmen kann – seine Mund-Nasen-Bedeckung im Kontext der *Transformers*-Filmserie. Der Reflexionstext verrät außerdem, dass die Maske den *Transformers*-Charakter *Bumblebee* abbildet.

Insgesamt scheinen die beschriebenen Selbstporträts insoweit Metamorphosen zu sein, als es „Gestalten [sind], die Richtung und Zusammenhang des Seelischen zum Ausdruck bringen." (Allesch 2005, S. 173) Denn es ist auffällig, dass sich die Jugendlichen mehrheitlich mit einer Maske dargestellt haben, die einen offenen und bisweilen sogar weit aufgerissenen Mund aufweisen. Es wird augenscheinlich: Die meisten Schüler wollen und müssen in Zeiten der Pandemie ihre Zähne zeigen. Dabei weist dieses Zähnezeigen durchaus Varianzen in der Bedeutung auf. Diese Varianzen dokumentieren – neben den Bildern als solche – die Reflexionstexte, die die Jugendlichen am Ende der Unterrichtsreihe verfasst haben. Darin haben sie das von ihnen gewählte Motiv beschrieben und in Bezug zur Pandemie gesetzt. Im Ergebnis lassen sich die Selbstdarstellungen grob in drei Bedeutungsfelder unterteilen.

Erstens gibt es Jugendliche, die ihrer Maske die Funktion eines Unheil abwendenden Apotropäums zuschreiben. Der Schüler, der beispielsweise seine Maske mit einer nach unten zeigenden Mundöffnung und gefährlich eckigen Zähnen versehen hat (Abb. 38), schreibt: „Die Maske steht dafür, den Virus abzuschrecken." In diesem Bedeutungsspektrum bewegen sich auch die Darstellungen mit den Vampirzähnen (Abb. 34) und den Reißzähnen (Abb. 39).

Zweitens gibt es eine Gruppe von Schülern, bei denen die Schutzmaske erheiternde Funktion besitzt. Hierzu zählt beispielsweise der Junge, der sich für die Schutzmaske mit der Affenphysiognomie entschieden hat (Abb. 40). Sein Gestaltungsergebnis kommentiert er so: „Die Emotionen, welche durch meine Maske entstehen, sind Freude und Humor, da der Gesichtsausdruck des Affen lustig ist. Ich habe mich für diese Emotion entschieden, weil ich gerne Freude verbreite." Dem schließt sich jene Schülerin an, die sich für das Motiv der heraushängenden Zunge entschieden hat (Abb. 40). In ihrem Reflexionstext bemerkt sie: „Ich habe mich für eine herausgestreckte Zunge entschieden, weil man trotzdem [trotz der Corona-Pandemie, Anm. A. S.] immer Spaß am Leben haben sollte."

Drittens gibt es einige wenige Arbeiten, die durch dezidert gegenweltliche Qualitäten auffallen. Hierzu zählt der Junge, der sich bei seiner Maskengestaltung auf die aus der *Transformers*-Filmreihe stammende Figur mit dem Namen *Bumblebee* bezogen hat (Abb. 42). Mit seiner Maske hat er einen Übergangsraum in eine fantastische Gegenwelt generiert; es entsteht der Eindruck, dass hierdurch die krisenhafte Situation überbrückt wird. Dies deutet sich auch in seiner Reflexion an; darin stellt er seine Bewunderung für die besagte Filmfigur heraus und ergänzt: „Meine Emotionswahl [gemeint ist hier der durch die Maske erzeugte Gesichtsausdruck, Anm. A. S.] hat nichts mit der Corona-Krise zu tun."

Zuletzt ist noch die Arbeit mit dem Haifischschlund zu erwähnen (Abb. 37). Sie lässt sich nicht eindeutig einer der oben aufgeführten Kategorien zuordnen. Während die Darstellung rein visuell auf ein Apotropäum hindeutet, weist der zum Bild verfasste Reflexionstext in eine andere Richtung. Darin schreibt die Schülerin, die dieses Porträt gestaltet hat: „Ich habe mich für das Motiv entschieden, weil ich das Bild schön fand. Es war einfach zu zeichnen. Meine Auswahl hat nix mit der Corona-Krise zu tun." Ob die Schülerin dieses Motiv aus popkulturellen Formaten kennt, zum Beispiel Horrorkomödien wie „Sharknado", bleibt unklar und konnte auch zu einem späteren Zeitpunkt nicht mehr eruiert werden. Sollte es so sein, könnte man diesem Bild ebenfalls gegenweltliche Qualitäten zusprechen und ähnlich wie den vorausgehenden Fall einschätzen.

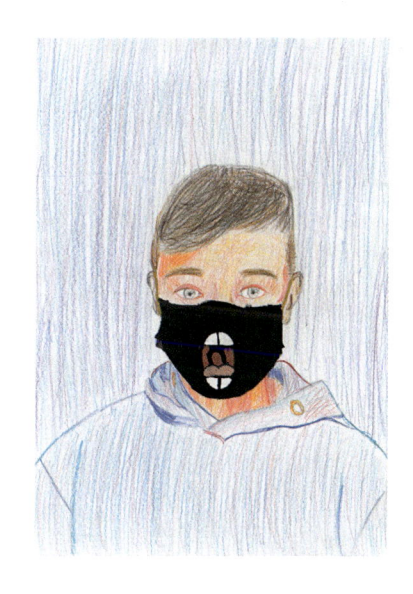

Abb. 34–36 (v. li. n. re.): Maske mit Vampirzähnen, Maske mit Halszäpfchen, Maske mit Clownnase

Abb. 37–39 (v. li. n. re.): Maske mit Haifischrachen, Maske mit nach unten laufenden Mundwinkeln, Maske mit Reißzähnen

116

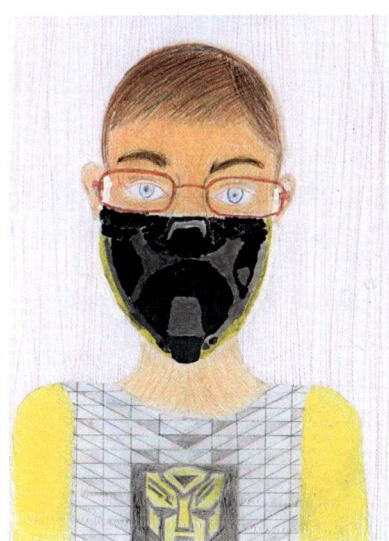

Abb. 40–42 (v. li. n. re.): Maske mit Affen-Physiognomie, Maske mit herausgestreckter Zunge, Maske mit Cyborg-Physiognomie

4 Fazit: Bildnerisches Tun als Bewältigungsstrategie

Die hier zusammengestellten Bilder von Kindern und Jugendlichen in Zeiten der Corona-Pandemie haben unterschiedliche Blickpunkte auf die Situation eröffnet. Während die Regenbogenbilder einen universell verstehbaren Bild-Code lieferten, boten die Aufgaben aus dem Kunstunterricht, Gelegenheit eigene Beobachtungen und Vorstellungen zu visualisieren.

Fokussiert man abschließend nochmal die beiden Bildkonvolute aus dem Kunstunterricht, lässt sich die bereits im Titel des dritten Teilkapitels verwendete Rede von ‚Absenz' weiter ausschärfen. Darin wurden einleitend die unterschiedlichen Absenz-Aspekte aufgeführt: Sie reichten von der fehlenden technischen Infrastruktur, über die Kontaktarmut innerhalb der Peer-Group bis hin zu psychosozialen Entwicklungsfragen. Die Absenz, also das Fehlen von etwas, reicht darüber hinaus bis in die Gestaltungsergebnisse der Schüler. Sowohl im Comic von Jo (Abb. 25) als auch in jenem von Jonas (Abb. 29) sind die Handlungssprünge zwischen den Panels sehr weit gefasst. Die von ihnen gesetzten Leerstellen lassen sich beim Lesen nur mit Mühe imaginativ auflösen. Die Tatsache, dass während der Erarbeitung keine direkten Korrektur- und Feedbackschleifen möglich waren, äußert sich an genau diesen Stellen. In der regulären Unterrichtspraxis wären derlei narrative Sollbruchstellen bereits in den Zwischenbesprechungen aufgefallen. Schnell hätten die noch fehlenden Informationen beispielsweise durch das Hinzufügen weiterer Panels oder bebilderter Sprechblasen ergänzt werden können. Ähnliches wiederholt sich bei den Selbstporträts. Die Masken, die im Fernunterricht mit Deckfarben ausgearbeitet wurden, weisen mitunter unfertige Stellen auf. Bei der Maske mit der Clownnase (Abb. 36) und bei der Maske mit der herausgestreckten Zunge (Abb. 41) wurde der Mund jeweils nur rudimentär ausgearbeitet. Die Rede von Absenz lässt sich also vor dem Hintergrund der hier besprochenen Schülerarbeiten erweitern; sie reicht bis in den inhaltlichen und formalen Gestaltungprozess.

Schaut man resümierend auf die Bildkonvolute, kann man in beiden Fällen beobachten, dass die Schüler trotz aller Einschränkungen eine je eigenständige Bildsprache gefunden haben, welche die pandemische Situation nicht nur illustriert, sondern produktiv begleitet und bisweilen auch kompensiert (vgl. hierzu analog Meier 2016, S. 345f.). Wo die Sechstklässler in ihren Comics den Sieg über die Corona-Pandemie mehrheitlich und unabhängig voneinander mit einem positiven Wetterumschwung gleichgesetzt haben, haben die Neuntklässler variantenreiche Mund-Nasen-Bedeckungen entworfen, die fratzenhaft den vom Virus verursachten Unannehmlichkeiten trotzen. Die Schülerarbeiten können als eine ausgleichende Reaktion auf die Belastungen durch das Virus gewertet werden. Mit anderen Worten: Der Kunstunterricht konnte durch seine bildgebenden Verfahren – in diesem Fall war es das Zeichnen eines Comics bzw. eines Porträts – einen Raum öffnen, die Pandemie aktiv zu bearbeiten und zu verarbeiten.

Diese Bearbeitungs- und Verarbeitungswege, das sei abschließend noch angemerkt, wurden – wie es für die Kinder- bzw. Jugendzeichnung typisch ist – von medialen (Vor-)Bildern inspiriert (vgl. Glas 2003, S. 29). Egal ob Vampirzähne (Abb. 34) oder die aus der *Transformers*-Filmreihe entliehene Cyborg-Physiognomie (Abb. 42) – bei der Gestaltung der Schutzmasken nahmen die Neuntklässler mal mehr und mal weniger offensichtlich Anleihen aus dem populären Medienangebot. Dasselbe hat sich bei den Comics wiederholt. Da der Comic jedoch selbst ein populäres Medienformat darstellt, ist hier die Wirksamkeit weniger augenscheinlich. Dass zum Beispiel Leon im Kampf gegen den Corona-Geist einen Regenbogen als schützendes bzw. helfendes Medium bemüht hat (vgl. Abb. 26), steht unmittelbar in Zusammenhang mit den zu Beginn dieses Arbeitsteils besprochenen Regenbögen. Darüber hinaus ist davon auszugehen, dass beispielsweise Yaren die Schutzmantelikonographie im letzten Panel ihres Comics aus Superheldenformaten adaptiert hat (vgl. Abb. 30). Dabei ist ihre Adaption insoweit besonders, als Yaren nicht einfach ein konkretes mediales Vorbild 1:1 kopiert hat. Stattdessen hat sie das Schutzmantelmotiv individuell auf ihren Comic angepasst und es sich dadurch gestalterisch anverwandelt.

Literatur

ALBERTI, LEON BATTISTA: *Über die Malkunst*. Herausgegeben, eingeleitet, übersetzt und kommentiert von Oskar Bätschmann und Sandra Gianfreda. Darmstadt 2002.

ALBRECHT, BERNHARD/HOFFMANN, ANDREAS: „Können wir Krise?" *stern*, Nr. 11/ 5.3.2020, S 34–36

ALLESCH, CHRISTIAN G.: „Seelische Wirklichkeit als Gestaltwandel: Anmerkungen zum Thema ‚Metamorphosen' aus der Sicht einer morphologischen Psychologie". In: GOTTWALD, HERWIG/KLEIN, HOLGER (HRSG.): *Konzepte der Metamorphose in den Geisteswissenschaften*. Heidelberg 2005, S. 167–179.

ARNHEIM, RUDOLF: *Kunst und Sehen. Eine Psychologie des schöpferischen Auges*. Neufassung. Berlin/New York 1978.

ASSMANN, ALEIDA: „Die Zukunft in der Krise". *stern*, Nr. 14/26.3.2020, S. 74.

BAUER, JOACHIM: *Warum ich fühle, was du fühlst. Intuitive Kommunikation und das Geheimnis der Spiegelneurone*. München 2012.

BAZIN, ANDRÉ: *Was ist Film?* Herausgegeben von Robert Fischer. Berlin 2004.

BORGES, SOPHIE: Welt der Sinne. „Zur Farbenlehre". In: Bundeskunsthalle / Klassik Stiftung Weimar (Hrsg.): *Goethe. Verwandlung der Welt*. München 2017, S. 143–1173.

BREDEKAMP, HORST/SCHNEIDER, BIRGIT/DÜNKEL, VERA (HRSG.) (2008): *Das Technische Bild. Kompendium zu einer Stilgeschichte wissenschaftlicher Bilder*. Berlin.

CASASANTO, DANIEL: „Experiential origins of mental metaphors: language, culture, and the body". In: LANDAU, MARK J./ROBINSON, MICHAEL D./MEIER, BRIAN P. (HRSG.). *The Power of Metaphor: Examining its Influence on Social Life*. Washington 2014, S. 249–268.

DEUTSCHER WETTERDIENST (DWD): *Regenbogen*. [Abrufbar unter: https://www.dwd.de/DE/service/lexikon/Functions/glossar.html?nn=103346&lv2=102134&lv3=102192; letzter Zugriff: 31.03.2021]

VON GOETHE, JOHANN WOLFGANG: *Werke. Hamburger Ausgabe*. Hrsg. von Erich Trunz. Bd. 14. Naturwissenschaftliche Schriften II. München 1988.

GLAS, ALEXANDER: Form- und Symbolverständnis in der Zeichnung am Beginn des Jugendalters. In: KIRCHNER, CONSTANZE (HRSG.): *Kunst + Unterricht. Sammelband. Kinder-und Jugendzeichnung*. Seelze 2003, S. 24 -30.

GRÜNEWALD, DIETRICH: Vom Umgang mit Comics. 2., durchgesehene Auflage. Berlin 1996.

HACKER, JÖRG: Pandemien. Corona und die neuen globalen Infektionskrankheiten. München 2021.

HERRMANN, BORIS: *1000 Anrufe beim Hilfetelefon pro Woche*. 10.11.2020. [Abrufbar unter: https://www.sueddeutsche.de/panorama/corona-gewalt-in-der-partnerschaft-hilfetelefon-1.5111231; letzter Zugriff: 16.06.2020]

HILDEBRANDT, DIETER: Warum niemand eine Insel ist. In: *Zeit*, Nr. 36/1975.

IMB (= Institut für Mikrobiologie der Bundeswehr): Das neuartige Coronavirus unter dem Elektronenmikroskop. 08.02.2020. [Abrufbar unter: https://instmikrobiobw.de/aktuelles/ansicht/das-neuartige-coronavirus-unter-dem-elektronenmikroskop; letzter Zugriff 30.05.2021]

JÜTTE, DANIEL: Das Fenster als Ort soziale Interaktion: Zu einer Alltagsgeschichte des Hauses im vormodernen Europa. In: EIBACH, JOACHIM/SCHMIDT-VOGES, INKEN (HRSG.): *Das Haus in der Geschichte Europas.* Berlin 2015, S. 467–483.

JONAS, HANS: Homo Pictor und die Differentia des Menschen. In: *Zeitschrift für philosophische Forschung*, Bd. 15, H. 2, 1961, S. 161–176.

KEMP, WOLFGANG: Ellipsen, Analepsen, Gleichzeitigkeiten. Schwierige Aufgaben für die Bilderzählung. In: KEMP, WOLFGANG (HRSG.): *Der Text des Bildes: Möglichkeiten und Mittel eigenständiger Bilderzählung.* München 1989.

KEMP, WOLFGANG: *Der Anteil des Betrachters. Rezeptionsästhetische Studien zur Malerei des 19. Jahrhunderts.* München 1983.

KEPPLINGER, HANS MATHIAS: Der Ereignisbegriff in der Publizistikwissenschaft. In: *Publizistik*, 46 Jg., H. 2, 2001, S. 117–139.

KIRCHNER, CONSTANZE: Identität und Ausdruck. Gestalterisches Probehandeln, Selbstinszenierung und Rollenspiele. In: Dies. (Hrsg.): *Kunst+Unterricht. Identität und Ausdruck.* Heft 366–367/2012, S. 4–14.

KLEE, WANDA/WAMPFLER, PHILIPPE/KROMMER, AXEL (HRSG.): *Hybrides Lernen. Zur Theorie und Praxis von Präsenz- und Distanzlernen.* Weinheim/Basel 2021.

KLEINSPEHN, THOMAS: *Der flüchtige Blick. Sehen und Identität in der Kultur der Neuzeit.* Hamburg 1989.

KLUSMANN, STEFFEN (2021): Helden der Moderne. Das Biontech-Duo könnte die Menschen von dem Virus erlösen – und Deutschland von überkommenen Denkmustern. In: *Der Spiegel*, Nr. 1/02.01.2021, S. 6.

KRÄMER, FELIX: Die Schwärze der Nacht. In: ADOLPHS, VOLKER (HRSG.): *UNHEIMLICH. Innenräume von Edvard Munch bis Max Beckmann.* München 2016, S. 109–117.

KRAUTZ, JOCHEN: *Kunstpädagogik. Eine systematische Einführung.* Paderborn 2020a.

KRAUTZ, JOCHEN: Digitalisierung als Gegenstand und Medium von Unterricht. Keine digitale Transformation von Schule. GBW-Flugschrift Nr. 1, 2020b [Abrufbar unter: https://bildung-wissen.eu/wp-content/uploads/2020/10/krautz_flugschrift_digitalisierung.pdf; letzter Zugriff: 13.06.2021]

KROMMER, AXEL/WAMPFLER, PHILIPPE: Distanzlernen, didaktische Schieberegler und zeitgemäßes Lernen. In: KLEE, WANDA/WAMPFLER, PHILIPPE/KROMMER, AXEL (HRSG.): *Hybrides Lernen. Zur Theorie und Praxis von Präsenz- und Distanzlernen.* Weinheim/Basel 2021, S. 8–16.

LANGEN, AUGUST: *Anschauungsformen in der deutschen Dichtung des 18. Jahrhunderts (Rahmenschau und Rationalismus).* Jena 1934.

LANKAU, RALF: *Kein Mensch lernt digital. Über den sinnvollen Einsatz neuer Medien im Unterricht.* Weinheim/Basel 2017.

Lerch, Isabel: Hält das Internet die Coronavirus-Krise aus? NDR Info, 20.03.2020. [Abrufbar unter: https://www.ndr.de/nachrichten/info/Haelt-Das-Internet-die-Coronavirus-Krise-aus,streaming146.html; letzter Zugriff: 16.06.2020]

Levinstein, Siegfried: *Kinderzeichnung bis zum 14. Lebensjahr. Mit Parallelen aus der Urgeschichte, Kulturgeschichte und Völkerkunde.* Leipzig 1905.

Lobinger, Katharina: *Visuelle Kommunikationsforschung. Medienbilder als Herausforderung für die Kommunikations- und Medienwissenschaft.* Wiesbaden 2012.

Lübben, Alia: Memes zur Covid-19-Krise. Lachen ist gesund. Monopol Magazin online, 25.03.2020. [Abrufbar unter: https://www.monopol-magazin.de/corona-memes; letzter Zugriff: 18.05.2020]

Mare de, Heidi: Die Grenze des Hauses als ritueller Ort und ihr Bezug zur holländischen Hausfrau des 17. Jahrhunderts. In: *Kritische Berichte / Ulmer Verein für Kunst- und Kulturwissenschaften.* Bd. 24–04/1992, S 64–79.

Mayer, Kurt-Martin (2020): Corona-Fakes und Corona-Fakten. In: *Focus* 16/2020, S. 70–73.

Mayer, Walter: Vermummungsgebot. In: *Focus* 16/2020, S. 24–28.

Mast, Maria: Der Mensch hat Pause die Welt atmet auf. Coronavirus und Umwelt. 27.03.2020 [Abrufbar unter: https://www.zeit.de/wissen/gesundheit/2020-03/corona-auswirkungen-klima-umwelt-emissionen-muell/komplettansicht#print; letzter Zugriff: 30.05.2021]

Mc Cloud, Scott: *Comics richtig lesen.* Veränderte Neuausgabe. Hamburg 2001.

Meier, Matthias Traugott: Etwas Schreckliches sehen. Die Vorstellung überblendet die Wahrnehmung. Zwei Fallstudien zum Umgang Jugendlicher mit schrecklichen Nachrichtenbilder. In: Glas, Alexander/Heinen, Ulrich/Krautz, Jochen/Lieber, Gabriele/Miller, Monika/Sowa, Hubert/Uhlig, Bettina (Hrsg.): *Sprechende Bilder – besprochene Bilder. Bild, Begriff und Sprachhandeln in der deiktisch-imaginativen Verständigungspraxis.* München 2016, S. 327–347.

Molcho, Samy: *Alles über Körpersprache. Sich selbst und andere besser verstehen.* 13. Auflage. München 2001.

Muckenhaupt, Manfred: *Text und Bild, Grundfragen der Beschreibung von Text-Bild-Kommunikationen aus sprachwissenschaftlicher Sicht.* Tübingen 1986.

Müller, Marion G./Geise, Stephanie : *Grundlagen der Visuellen Kommunikation.* 2., völlig überarbeitete Auflage. Konstanz 2015.

Müller, Axel: Albertis Fenster. Gestaltwandel einer ikonischen Metapher. In: Sachs-Hombach, Klaus/Rehkämper, K.: *Bild – Bildwahrnehmung – Bildverarbeitung. Interdisziplinäre Beiträge zur Bildwissenschaft.* 2. Auflage. Wiesbaden 2004, S. 173–183

Neumann, Birgit: Maske (Lemma). In: Butzer, Günter/Jacob, Joachim (Hrsg.): *Metzler Lexikon literarischer Symbole.* Stuttgart, Weimar 2008, S. 224–225.

NIEHOFF, ROLF/KIRSCHENMANN, JOHANNES: „… der wichtige Blick auf den schulischen Kunstunterricht fehlt." Johannes Kirschenmann im Gespräch mit Rolf Niehoff. *Kunst+Unterricht. Collagieren im Gestaltungsprozess.* Heft 451–452/2007, S. 75–77.

PLOCK, VIKE: Medizin. Latenz und der medizinische Blick. In: DIEKMANN, STEFANIE/KHURANA, THOMAS (HRSG.): *Latenz. 40 Annäherungen an einen Begriff.* Berlin 2007, S. 148–152.

RASCHE, STEFAN: *Das Bild an der Schwelle. Motivische Studien zum Fenster in der Kunst nach 1945.* Münster, Hamburg, London 2003.

REDLING, ERIK: Regenbogen (Lemma). In: BUTZER, GÜNTER/JACOB, JOACHIM (HRSG.): *Metzler Lexikon literarischer Symbole.* Stuttgart, Weimar 2008, S. 291–293.

REISS, WOLFGANG: *Kinderzeichnungen. Wege zum Kinde durch die Zeichnung.* Neuwied u.a. 1996

ROTZLER, WILLY: *Objekt Kunst – Von Duchamp bis zur Gegenwart.* Köln 1975.

SACHS-HOMBACH, KLAUS/KREMBERG, BETTINA/SCHIRRA, J. R. JÖRG (2013): Bildanthropologie. Ein Forschungsprogramm. In: WAGNER, CHRISTOPH/GREENLEE, MARK W./WOLFF, CHRISTIAN (HRSG.): *Aisthesis. Wahrnehmungsprozesse und Visualisierungsformen in Kunst und Technik,* Regensburg, S. 71–88.

SCHMOLL GEN. EISENWERTH, J. A.: *Fensterbilder. Motivketten in der europäischen Malerei.* In: Beiträge zur Motivkunde des 19. Jahrhunderts (Band 6). München 1970.

SCHECK, NICO: Coronakrise: Netflix drosselt Bildqualität – droht Stopp in Deutschland? Frankfurter Rundschau online, 25.03.2020. [Abrufbar unter: https://www.fr.de/panorama/corona-coronavirus-netflix-youtube-deutschland-internet-bildqualitaet-ueberlastung-stopp-zr-13604006.html; letzter Zugriff: 16.06.2020]

SCHNEIDER, ALEXANDER: *Bilderschließung zwischen Unbestimmtheit und Konkretion. Vermessung eines rezeptionsästhetischen Beziehungsgeflechts aus kunstpädagogischer Sicht.* München 2019.

SCHUSTER, MARTIN: *Kinderzeichnungen. Wie sie entstehen, was sie bedeuten.* 4. überarbeitete Auflage. München, Basel 2015.

SHIFMAN, LIMOR: *Meme. Kunst, Kultur und Politik im digitalen Zeitalter.* Berlin 2014.

SILBEREISEN, RAINER K.: Soziale Kognition: Entwicklung von sozialem Wissen und Verstehen. In: OERTER, ROLF/MONTADA, LEO (HRSG.): *Entwicklungspsychologie. Ein Lehrbuch.* 4., korrigierte Version. Weinheim 1998, S. 823–861.

SLOTERDIJK, PETER: *Eurotaoismus. Zur Kritik der politischen Kinetik.* 3. Auflage. Frankfurt a. M. 2016 [1989].

SONNTAG, STEPHANIE: *Ein ‚Schau-Spiel' der Malkunst. Das Fensterbild in der holländischen Malerei des 17. Und 18. Jahrhunderts.* Berlin 2016.

SOWA, HUBERT (HRSG.): *Bildung der Imagination. Band 1: Kunstpädagogische Theorie, Praxis und Forschung im Bereich einbildender Wahrnehmung und Darstellung* Oberhausen 2012a.

Sowa, Hubert: Darstellbarkeit und Verständlichkeit innerer Bilder. Grundrisse eines Theorierahmens für bildhermeneutische Forschungen im Felde imaginativer Bildleistungen. In: Ders. (Hrsg.): *Bildung der Imagination. Band 1: Kunstpädagogische Theorie, Praxis und Forschung im Bereich einbildender Wahrnehmung und Darstellung.* Oberhausen 2012b, S.147–175.

Sowa, Hubert/Uhlig, Bettina: Bildhandlungen und ihr Sinn. Methodenfragen einer kunstpädagogischen Bildhermeneutik. Ludwigsburg 2006.

Sowa, Hubert/Uhlig, Bettina: „Porträtieren" – der Blick ins Gesicht des Anderen. In: Dies. (Hrsg.): *Kunst+Unterricht. Porträtieren.* Heft 317/2007, S. 4–11.

Spinner, Kaspar H.: Märchenalter: Bemerkungen zu einem umstrittenen Begriff. In: Jesch, Tatjana (Hrsg.): *Märchen in der Geschichte und Gegenwart des Deutschunterrichts: didaktische Annäherungen an eine Gattung.* Frankfurt am Main u.a. 2003, S. 41–51.

Stöhr, Jürgen: Das Sehbare und das Unsehbare: Abenteuer der Bildanschauung. Théodore Géricault, Frank Stella, Anselm Kiefer, arthistoricum.net, Heidelberg, 2018 [Abrufbar unter: https://doi.org/10.11588/arthistoricum.328.449; letzter Zugriff: 16.06.2020]

Szymanowski, Pia: Regenbogen-Suche im Stadtgebiet. 15.04.2020. [Abrufbar unter: www.rp-online.de/nrw/staedte/krefeld/krefeld-kinder-suchen-regenboegen-imstadtgebiet_aid-49786669; letzter Zugriff: 12.02.2021]

Tomasello, Michael: *Die kulturelle Entwicklung des menschlichen Denkens.* Frankfurt a. M. 2006.

Vietta, Silvio: *Die literarische Moderne. Eine problemgeschichtliche Darstellung der deutschsprachigen Literatur von Hölderlin bis Thomas Bernhard.* Stuttgart 1992.

Vietta, Silvio/Kemper, Dirk (Hrsg.): *Ästhetische Moderne in Europa. Grundzüge und Problemzusammenhänge seit der Romantik.* München: Wilhelm Fink 1997.

Vietta, Silvio: *Rationalität. Eine Weltgeschichte.* München: Wilhelm Fink 2012.

Weber, Silke: Warum macht ein Regenbogen glücklich? In: ZEIT Wissen Nr. 2/2020, 18.02.2020 [Abrufbar unter: https://www.zeit.de/zeit-wissen/2020/02/regenbogen-himmel-farben-glueck; letzter Zugriff: 12.02.2021]

Weinzierl, Alfred: Lüften, das neue Hauptfach. In: *Spiegel Chronik,* Dezember 2020, S. 140–141.

Wenzel, Manfred: Natur – Kunst – Geschichte. Goethes *Farbenlehre* als universale Weltschau. In: *Goethe-Jahrbuch* 124 (2007), S. 115–125.

Wulf, Christoph: Homo Pictor oder die Erzeugung des Menschen aus der Imagination. In: Wulf, Christoph/Poulain, Jaques/Triki, Fathi (Hrsg.): *Die Künste im Dialog der Kulturen.* Berlin 2007, S. 19–36.

Wulf, Christoph: Die Ikonizität der Bilder und die mimetische Aneignung ihrer Präsenz. In: Pompe, Anja (Hrsg.): *Bild und Latenz. Impulse für eine Didaktik der Bildlatenz.* Paderborn 2019, S. 59–69.

Abbildungsverzeichnis

Abb. 1: Grafische Darstellung von Corona-Viren (Stockbilddatenbank) [© Freepik / designed by kjpargeter]
Abb. 2: Samuel van Hoogstraten: „Mann im Fenster" (1653) [wikimedia commons]
Abb. 3: Caspar David Friedrich: „Abendstunde" (1825, verbrannt) [wikimedia commons]
Abb. 4: Théodore Géricault: „Das Floß der Medusa" (1819; farbige Hervorhebung der besprochenen Rezeptionsfiguren)
Abb. 5: *stern*: „Was macht Corona mit unserer Seele?" [Nr. 14, 26.03.2020]
Abb. 6: *Frankfurter Allgemeine WOCHE*: „Ausgang gesucht" [Nr. 17, 17.04.2020]
Abb. 7: *TIME*: „Finding Hope" [Double Issue. 27.04./04.05.2020]
Abb. 8: *Marianne*: „Qui va payer?" [Numéro 1206, 24.-30.04. 2020]
Abb. 9: Detail aus Abb. 8
Abb. 10: *The New Yorker*: „New York's Battle Against Covid-19" [27.04.2020]
Abb. 11: Detail aus Abb. 10
Abb. 12: *The New Yorker*: „The Health Issue" [06.04.2020]
Abb. 13: *L'Espresso*: „Ripartenza (sostantivo femminile)" [N. 20, 10.05.2020]
Abb. 14: *Polityka*: „Szpitale strachu" [nr 17 (3258), 22.04.-27.04.2020]
Abb. 15: Fensterbilder und ihre Bedeutungen als Kontinuum
Abb. 16–21: Fenster mit Regenbogenbildern (Bonn im Frühjahr 2020, 35mm-Fotografien)
Abb. 22–23: Fenster mit beschrifteten Regenbogenbildern (Bonn im Frühjahr 2020)
Abb. 24: Benni (3-Panel-Comic, 13 Jahre)
Abb. 25: Jo (3-Panel-Comic, 11 Jahre)
Abb. 26: Leon (3-Panel-Comic, 11 Jahre)
Abb. 27: Lilian (4-Panel-Comic, 13 Jahre)
Abb. 28: Helena (4-Panel-Comic, 12 Jahre)
Abb. 29: Jonas (4-Panel-Comic, 11 Jahre)
Abb. 30: Yaren (4-Panel-Comic, 12 Jahre)
Abb. 31: Dating during the pandemic (Meme zu Magrittes „Die Liebenden II" von 1928) [Quelle: https://www.reddit.com/r/CoronavirusMemes/comments/gnzs42/covid_dating_is_surreal/; letzter Zugriff: 13.06.2021]
Abb. 32: Magritte in times of Corona (Meme zu Magrittes „Der Sohne des Mannes" von 1964) [Quelle: https://awwmemes.com/i/2f5b3481ab2e4b32b565778c45f791b1; letzter Zugriff: 13.06.2021]
Abb. 33: Schüler mit Schutzmaske, die einen Vollbart und Zigarre zeigt
Abb. 34: Maske mit Vampirzähnen
Abb. 35: Maske mit Halszäpfchen
Abb. 36: Maske mit Clownnase
Abb. 37: Maske mit Haifischrachen
Abb. 38: Maske mit nach unten laufenden Mundwinkeln

Abb. 39: Maske mit Reißzähnen
Abb. 40: Maske mit Affen-Physiognomie
Abb. 41: Maske mit herausgestreckter Zunge
Abb. 42: Maske mit Cyborg-Physiognomie

Die Abbildungen stammen – soweit nicht anders gekennzeichnet – vom Autor bzw. aus dessen Bildarchiv.